用语言"话"画之"话"印象

·宋护彬　编著·

WUHAN UNIVERSITY PRESS
武汉大学出版社

图书在版编目(CIP)数据

用语言"话"画之"话"印象/宋护彬编著.—武汉:武汉大学出版社,
2020.12
艺术语言丛书
ISBN 978-7-307-21686-0

Ⅰ.用…　Ⅱ.宋…　Ⅲ.汉语—口语—语言表达　Ⅳ.H193.2

中国版本图书馆 CIP 数据核字(2020)第 141965 号

责任编辑:刘小娟　　　责任校对:周卫思　　　装帧设计:吴　极

出版发行:**武汉大学出版社**　　(430072　武昌　珞珈山)

　　　　　(电子邮箱:whu_publish@163.com　网址:www.stmpress.cn)

印刷:武汉图物印刷有限公司

开本:850×1168　　1/16　　印张:12　　字数:239 千字　　插页:3

版次:2020 年 12 月第 1 版　　2020 年 12 月第 1 次印刷

ISBN 978-7-307-21686-0　　　　定价:35.00 元

我们一起"话"画吧！

前　言

在多年教学实践过程中,笔者深刻感受到:语言表演艺术的学习,对于青少年表达能力的提升,语言素养的积淀,人生观、价值观的形成具有潜移默化的影响。因而,笔者以"赏中华诗词、寻文化根基、品生活之美"为教学宗旨,结合自身用语言"话"画的教学理论,萃取中外古今文学佳作,编撰成书,希望能够使得致力于校外语言教学的同行们和有志于语言表演艺术学习的青少年,见微知著,有所裨益。

最后,衷心感谢在此书编著过程中,上海市宝山区少年宫的领导们给予笔者的大力支持与悉心指导。

宋护彬

2020 年 4 月

目 录

第一章 "话"自己

　　中国是充满诗歌的国度，是产生诗歌的理想土壤。笔者长期从事基层语言培训工作，本着"赏中华诗词、寻文化根基、品生活之美"的教学宗旨，力求通过日常的教学活动，与学生分享诗词之美、感受古人的智慧，从中汲取营养，涵养心灵。诗词之美，美在它能够形成一种专属于我们中国人的表达体系；诗词之美，美在它能够给我们一份诗意的生活；诗词之美，美在它培养了我们中国人独有的悲天悯人的民族情怀。

　　中国古诗词构筑起了我们中国人最牢固的集体意识。中华诗词给我们每个中国人都烙下了一个非常深刻的、共通的文化印迹。对于尚在求学途中的莘莘学子而言，中华民族精神借由诗歌根植于心！它是青少年作为一个中国人的骨气与底气，也是构筑文化自信源源不绝的动力！

第一课 想飞的猫

一、基础训练

1."话"画(话情绪)

"我太高兴了!""你这个人,怎么可以这样不讲道理?""你来了!""爸爸,我还想去迪士尼乐园玩,可以吗?"……

> **训练提示**

很多同学都曾尝试过朗诵、讲故事、主持节目等,但为什么有的同学一开口就能吸引观众的注意力,而有的同学却语气平平,毫无表现力和感染力呢? 究其原因,主要是说话时情绪的渲染是否到位。

在训练过程中,教师可以运用几种不同的情绪示范同一句话,引导学生思考、体会并模仿各种情绪。如果学生不能达到相应的情绪,教师可在训练前,适当利用一定语言情境的渲染,加以辅助。这样的训练,不仅可增加课堂的趣味性,还可增强学生表达各种情绪的能力,为语言表演的可塑性奠定坚实的基础。

2.动动嘴巴,越绕越精彩

(1)声母发音练习——双唇音(b,p)。

喷:紧闭双唇,阻住气流,然后突然放开,利用双唇的爆发力发出 b、p。

> **训练提示**

教师设置情境:如过年放鞭炮,连续发出双唇音 pa、pa、pa…试唱歌曲《我有一个好爸爸》,将歌词全部替换成 ba、ba、ba… 来进行双唇音训练。发音时,要注意 b 为不送气音,p 为送气音,气流大小也有差别。

(2)绕口令练习。

半盆冰棒半盆瓶,冰棒碰盆,盆碰瓶,盆碰冰棒盆不怕,冰棒碰瓶瓶必崩。

白伯伯,彭伯伯,饽饽铺里买饽饽。白伯伯买的饽饽大,彭伯伯买的大饽饽。拿到家里给婆婆,婆婆又去比饽饽。不知白伯伯买的饽饽大,还是彭伯伯买了个大饽饽。

> **训练建议**

①切忌盲目练。练习前,教师一定要将每个语音的发音原理和发声要领进行示范讲

解,做到有的放矢,各个攻破。

②有信心、集中精力地练。引导学生将逻辑思维和形象思维有机结合起来,首先运用逻辑思维弄清楚绕口令的大意是什么,一共有几层意思,再结合形象思维,在表情与眼神的配合下,将绕口令形象地"话"出来,避免生硬、机械地背诵。

3.多话话,话不同(b,p)

屏:他屏(bǐng)气凝神,躲在屏(píng)风后面。

便:局长大腹便便(pián),行动不便(biàn)。

薄:薄(bò)荷油味不薄(báo),很受欢迎,但要薄(bó)利多销。

炮:能用打红的炮(pào)筒,炮(bāo)羊肉和炮(páo)制药材吗?

把:你把(bǎ)水缸把(bà)摔坏了,以后使用没把(bà)柄了。

伯:我是她的大伯(bó),不是她的大伯(bǎi)子。

曝:陈涛参加体育锻炼缺乏毅力、一曝(pù)十寒的事情,在校会上被曝(bào)光,他感到十分羞愧。

刨:我刨(bào,推刮)平木头,再去刨(páo,挖掘)花生。

扒:他扒(bā)下皮鞋,就去追扒(pá)手。

簸:他用簸(bò)箕簸(bǒ)米。

胖:肥胖(pàng)并不都是因为心宽体胖(pán),而是缺少锻炼。

耙:你用犁耙(bà)耙(bà)地,我用钉耙(pá)耙(pá)草。

二、作品表演训练

想飞的猫

宋护彬

喵喵喵,我是一只猫,我跑得快,如风似电;我跳得高,拔地穿云,我就是一只无所不能的猫。

唉,今天真倒霉,碰到了两只花蝴蝶,他们居然说我吹牛,问我既然无所不能,可不可以和他们一样在天上飞?我跑得那么快,我跳得那么高,难道就不能飞吗?我可是一只无所不能的猫!飞,有什么大不了!

我找来了两片荷叶做翅膀,使劲地呼扇呼扇,我飞呦,飞呦,飞呦……热得满头大汗,累得气喘吁吁,可还是没飞起来!唉,我现在的心情,真是糟糕透了。

扫码跟我练

小朋友们,你们谁能告诉我,我怎样才能像蝴蝶一样飞起来呢?

训练要求

本课没有选择传统的故事,而别出心裁地选择"自述表演"开篇,是基于以下几点考虑:首先,在语言表演学习的初级阶段,讲故事是不可或缺的内容之一。其次,在观摩了大量的学生表演之后,发现一些共性的问题。例如,故事角色部分语言缺少变化、角色语言与肢体表现僵化、表达不够准确,等等。最后,在故事的题材选择上也存在误区,因讲述内容过多,学生背故事、无表情的现象非常普遍。这样的练习不但会扼杀学生对表演的兴趣,也和校外艺术教育目标相背离。基于此,本课选择以"自述表演"开始,从角色语言的表演开始,激发学生学习兴趣,给予他们极大的发挥空间,鼓励他们用自己的语言进行二度创造,讲出属于自己的独一无二的好故事。

训练时,教师可根据话"情绪"的训练体会,让学生进一步感受这只猫说每一句话时的心情、姿态、语气,尽量用生动的语言和丰富的动作,夸张地描绘出这只猫的形象。在学生自述的过程中,教师要不断地引导学生以角色身份,引领观众身临其境,同时注重与观众之间的眼神交流或互动,逐渐释放学生的天性,促使他们在舞台上能够自如地发挥。

三、拓展活动

同学们,在学习了《想飞的猫》后,你们认为这只猫会飞起来吗?为什么?接下来的故事又有怎样的情节呢?请你们继续丰富故事的内容吧!

四、经典吟诵

龟 兔 竞 走

龟与兔竞走,兔行速,中道而眠,龟行迟,努力不息。及兔醒,则龟已先至矣。

(选自《意拾喻言》)

译文

乌龟跟兔子赛跑,兔子跑得很快,却在中途睡觉,乌龟跑得慢,却总是不停地走。等到兔子醒来时,乌龟早就到了终点。

第二课 会飞的猫

一、基础训练

1."话"画（话语流）

大家好！我是来自上海市宝山区第一中心小学一年级五班的×××同学，很高兴和大家一起学习、生活，我会努力成为一名出色的小小主持人。谢谢大家！

⚠️**训练提示**

用语言"话"出一个光彩夺目、自信满满的你，会为今后艺术语言的学习奠定很好的基础。一个语言流畅、精神饱满的自我介绍，会给观众留下深刻的印象，而这个印象，正是通过语言及肢体协调一致的表达塑造出来的。

学生往往会因为句子定语多而出现停顿、拖音的现象。因此，在训练时，我们不能急于求成，可以分层练习，做到层层击破，运用分解训练法："大家好，我是×××""大家好！我是来自上海的×××""大家好！我是来自上海市宝山区的×××"……在"话"自己时，心中一定要有较强的主动分享意识，并力求做到吐字清晰，声音洪亮。并且，"话"的情绪自始至终都应饱满。

2.动动嘴巴，越绕越精彩

（1）声母发音练习——双唇音（m）。

m 鼻音，软腭下降，鼻腔通路开放，气流从鼻腔出来。

⚠️**训练提示**

教师设置情境，如瞎子摸象，我们都来 m——m，发音要领较为简单，达到此环节要求之后，即可进入绕口令训练。

（2）绕口令练习。

妈妈骑马，马慢，妈妈骂马。

牧童磨墨，墨抹牧童一目墨。

小猫摸煤，煤飞小猫一毛煤。

白庙外蹲一只白猫，白庙里有一顶白帽。白庙外的白猫看见了白庙里的白帽，叼着白庙里的白帽跑出了白庙。（用眼睛去找白庙和白帽）

白兔手中有一把白毛，白猫想拿手里的白帽，去换白兔手中的白毛。白兔不愿拿手中的白毛，去换白猫手里的白帽。（用眼睛去找左手的白毛和右手的白帽）

训练建议

绕口令的初学阶段,切忌采用一快到底的训练方式,一味追求速度而忽视字音的准确是不可取的。本书中,所有和文字相关的内容,切忌急于求成,要求学生马上读出来或背出来,而是要像画画一样,用语言慢慢描摹,进而"话"出来。因此,教师在新授时,若要引导学生逐步做到脱稿,可首先通过优质的语言示范,构造形象的语言画面,促使学生通过模仿快速实现字音准确与语言表演形象、生动同步。试着去做,你们会发现,学生的速记能力会有极大的提升!

3.多话话,话不同(m)

埋:他自己懒散,却总是埋(mán)怨别人埋(mái)头工作。

模:这两件瓷器,模(mú)样很相似,像是由一个模(mó)型做出来的。

没:驾车违章,证件被交警没(mò)收了,他仍像没(méi)事一样。

二、作品表演训练

会飞的猫

宋护彬

喵喵喵,喵喵喵,我是一只猫,一只做梦都想飞起来的猫。我东跑跑,西跳跳,可没有翅膀,怎么才能成为一只飞上天的猫!

对了,村里最有学问的喜鹊村长告诉我,大山的那头,有一个小镇,叫跑跑镇。听说,那里的居民们都喜欢快跑,跑着跑着,就会有神奇的事情发生!什么事情? 你跑,我也跑,就会"咣"的一声撞到一起,哈哈,这样我

扫码跟我练

就可以飞起来啦!

嗯! 这真是一个神奇的地方,我跃深沟、爬高山,唱着歌儿舞蹁跹! 不怕碰来不怕撞,实现梦想一瞬间!

同学们,给我加油吧! 要知道,我马上就会成为一只会飞的猫啦!

训练要求

本课的设置,旨在让学生在表演时做到声音洪亮,并能恰当、准确地把握情绪的收放。教师讲课时切莫急着让学生开口练习,而是需要通过准确、形象的表演示范,来激发学生浓厚的兴趣,并通过引导个别学生进行表演,教师及时点评的方式,激发其他学生,边模仿边改编自创。在辅导学生进行语言表达与肢体表现时,不断纠正学生存在的不足,进而一步一步地提升其语言的准确性和表演的艺术性。

三、拓展活动

同学们,"会飞的猫"谦虚好问,听说了实现梦想的方法,就不畏艰险、乐观向前。你们猜猜,来到跑跑镇,它会和谁撞到一起呢?又会有怎样神奇的变化呢?跑跑镇上的东西可多了,它们都在奔跑着,互相碰撞着:书和包撞到一起,变成了书包;肉丸和馒头撞到一起,变成了肉包子……同学们,请你们想一想,跑跑镇还会在碰撞中发生哪些变化呢?请你们构思一下,再和大家一起分享吧!

四、经典吟诵

尺蠖(huò)之屈,以求信也;龙蛇之蛰(zhé),以存身也。

(选自《周易·系辞下》)

译文

尺蠖尽量弯曲自己的身体,是为了伸展前进;龙蛇冬眠,是为了保全性命。

第三课 不会游泳的猫

一、基础训练

1."话"画(话逻辑)

由于重音种类繁多,且说法不统一,因此初学语言表达的同学,不必拘泥于理论,只需要明白重音是为表达服务的,即通过逻辑重音的选择来正确表达语意、情感和思想。

例子:

我去过上海。

我去过上海。

我去过上海。

练习:

我是上海人。

我是上海人。

我是上海人。

训练提示

首先分别将主语、谓语、宾语设定为问句语言环境进行示例,让学生相互讨论,找出例句"我去过上海"的各不相同的逻辑重音。再以"我""是""上海人"作为逻辑重音,让学生快速领悟到因重音变化而形成的完全不同的语意。在重音变化时,说话者的情绪也一定会随之变化,这个情绪也应同时表现于面部,让观众更好地捕捉其正确语意。

2. 动动嘴巴,越绕越精彩

(1)声母发音练习——唇齿音 f。

f 音,具体发音方法是上齿接触下唇,让气流完全从唇齿间的缝隙中摩擦发出声音,声带不颤动。请在教师带领下大声读好以下几组词语,为"话"好绕口令做准备。

符号 防护 丰厚 孵化 负荷 奉还

风化 凤凰 返还 发话 返回 分化

腐化 符合 发狠 饭盒 分红 富豪

> ⚠ **训练提示**

在唇齿音 f 的绕口令中,很多都是以"f"与"h"对比存在的。教学过程中发现,这两个声母发音时虽然差别较大,但是仍有一部分学生无法读准这两个声母。最主要的原因是诵读过程中未能及时转换唇齿音与舌根音的发音部位。要特别注意。

(2)绕口令练习。

一堆灰,一堆粪,灰混粪,粪混灰,混成一堆黑黄灰粉粪与灰。

风吹灰飞,灰飞花上花堆灰,风吹花灰灰飞去,灰在风中飞又飞。

飞飞佛佛捉凤凰,凤凰藏在凤山上,飞飞捉黄凤凰红凤凰,佛佛捉粉凤凰黄凤凰。红凤凰黄凤凰粉凤凰,飞飞佛佛头昏眼发花。

丰丰和芬芬上街买混纺,红混纺、粉混纺、黄混纺,芬芬丰丰反复挑选混纺,丰丰买了粉混纺,芬芬买了黄混纺。

最后两则绕口令都有两个人物,充分发挥肢体和视觉的想象力来完成吧!

> ✿ **训练建议**

绕口令也需要表演。绕口令训练可以锻炼口语表达,令口齿更加伶俐。在训练的过程中,如果教师引导同学们以"表演"的方式来完成绕口令,则会有惊喜的发现,同学们在口齿变伶俐的同时,记忆力也会提高。一则小小的绕口令同样富有趣味性,充满画面感。

3. 多话话,话不同 (f)

缝:这台缝(féng)纫机的台板,有裂缝(fèng)。

脯:胸脯(pú)、果脯(fǔ)不是同一个读音。

佛:远看乐山大佛(fó),仿佛(fú)正在微笑着讲述一个美丽动人的故事。

二、作品表演训练

不会游泳的猫

宋护彬

喵喵喵,喵喵喵,我是一只猫,一只在森林里流浪的猫,没人疼、没人爱,更没有饭来张口的好事来。哎!又是渴,又是累,不争气的肚子还把战鼓擂。去哪找点吃的呢?我西找找,我东瞧瞧。哎!老鼠蹿得远,鸟儿它飞得高。

扫码跟我练

咦?远处传来"哗啦啦"的流水声,小河!那里,一定有我最爱吃的、活蹦乱跳的、新鲜美味的鱼啊!说时迟,那时快,我一个箭步蹿过来,哇!你们看啊,这有一对,那有一群。嘘!鱼儿鱼儿你别跑,我用尾巴把你钓。钓到大鱼就分给你?不不不,猫儿吃鱼最合理!可是鱼儿鱼儿不上钩,我浑身冻得冷飕飕。不行,我不能把守株待兔学,下定决心我"扑通"一声跳下河,鱼儿顿时炸了窝,四散逃跑无踪迹,可我在河里大喘气:救命啊,救命啊!鱼儿一条没吃到,咕咚咕咚,河水把我喂个饱。幸好鸭子巧路过,轻松救我把险脱。

这次教训我记心上,以后再也不下河。

训练要求

通过连续三篇和猫有关的自述表演,可以发现,每一篇的情绪都不相同。因此,教师一定要引导学生运用不同情绪,做到"话"得准确、到位。自述表演,可以潜移默化地将想象力、注意力、"五觉"等灌输到学生的台词表演中,为其今后的戏剧表演打下坚实基础。

三、拓展活动

同学们,这只不会游泳的猫,由于头脑发热、一时高估了自己的能力而险些丧命。每一个小小的故事都蕴含着一个深刻的道理,你从中认识到什么了呢?反思一下自己,有没有因冲动、不听家长或老师的忠告而做过一些令自己后悔的事情呢?请结合该主题思想写一篇关于自己幡然醒悟的小日记吧!

四、经典吟诵

守 株 待 兔

宋人有耕田者,田中有株,兔走触株,折颈而死。因释其耒(lěi)而守株,冀复得兔。兔不可复得,而身为宋国笑。

(选自《韩非子·五蠹》)

译文

宋国有位农民,他的田地中有一截树桩。一天,一只跑得飞快的野兔撞在了树桩上,撞断了脖子死了。于是,农民便放下他的农具,日日夜夜守在树桩旁边,希望能再得到一只野兔。然而野兔是不可能再次得到的,而他自己也被宋国人所耻笑。

第四课　二宝有话说

一、基础训练

1."话"画(话语言的色彩)

春雨,像春姑娘纺出的线,轻轻地落到地上,沙沙沙,沙沙沙……(明亮、轻快)

田野里,一群小鸟正在争论一个有趣的问题:春雨到底是什么颜色的?(好奇、活泼)

小燕子说:"春雨是绿色的。你们瞧,春雨落到草地上,草就绿了。春雨淋在柳树上,柳枝也绿了。"(柔和)

麻雀说:"不对,春雨是红色的。你们瞧,春雨洒在桃树上,桃花红了。春雨滴在杜鹃丛中,杜鹃花也红了。"(热情)

小黄莺说:"不对,不对,春雨是黄色的。你们看,春雨落在油菜地里,油菜花黄了。春雨落在蒲公英上,蒲公英花也黄了。"(欢快)

春雨听了大家的争论,下得更欢了,沙沙沙,沙沙沙……(明亮、轻快)

> **训练提示**

我们在引导学生朗读句子的时候,不难发现,当学生读懂了句子,掌握了句中准确的色彩基调后,在有感而发的情绪烘托下,相对应的语句重音就会运用自如了。重音在句中都有一个共同点,或烘托气氛,或表达丰富的情感色彩。多多朗诵类似句子和文章,学生可以更好地激发自身对文字的思考,从而更好地掌握多种重音的朗读方式。

2.动动嘴巴,越绕越精彩

(1)声母发音练习——舌尖中音(d,t)。

d 发音要领:发 d 时,舌尖抵住上齿龈,然后突然放开,使气流爆发而出,冲出的气流较弱。

t 发音要领:发 t 时,舌尖和上齿背形成的阻碍打开后,会冲出一股较强的气流。

相同点:d、t 都是清音,发音时声带不颤动。

不同点:d 是不送气声母,t 是送气声母。

训练提示

发舌尖中音时很容易因舌无力、没弹性造成字音松散而失去准确性。d、t 要发得响亮有力,关键就在于舌尖的弹动力。练习时要将力量集中到舌尖上,增强舌尖的弹动力和灵活性。教师纠正学生发音时,要尤其关注学生的发音部位,检验舌尖力度,示范有力弹击上齿龈的发音动作。发音准确后,不要急于训练绕口令,可先从单音节、双音节及四音节字词逐步练习,及时发现问题、解决问题。

d

单音节:到 东 电 搭 担 得 灯 丢 调 斗 多 肚

双音节:等待 到达 大地 单调 断定 抵挡 当代 道德 顶端 答对

四音节:调虎离山 顶天立地 德高望重 大刀阔斧 待人接物 登峰造极

t

单音节:推 台 团 吞 坛 淌 逃 铁 图 同 停 特

双音节:跳台 团体 天坛 天堂 探听 吞吐 梯田 体贴 推托 探听

四音节:谈虎色变 铁证如山 脱颖而出 通宵达旦 投笔从戎 同舟共济

(2)绕口令练习。

楼头倒吊短单刀,单刀刀倒楼头吊。盗贼楼头盗单刀,对对单刀掉到道。

大刀对单刀,单刀对大刀,大刀斗单刀,单刀夺大刀。

积木搭木塔,木塔插木花。插花木塔塌,塔塌花也塌。小牧拾积木,重搭大木塔。

训练建议

绕口令也要具备表演的元素,相信学生在课堂的学习中已经逐渐掌握并已尝试运用。例如,今天我们选择的舌尖中音绕口令训练,只要教师稍加引导,学生便能通过对比来逐层理解,加深对内容的形象记忆。若能辅以肢体动作,学生的绕口令表现能力将会得到大幅提升,课堂教学也会其乐无穷、笑声不断,达到事半功倍的教学效果。

3.多话话,话不同(d,t)

沓:他把纷至沓(tà)来的想法及时写在一沓(dá)纸上,从不见他有疲沓(ta)之色。

单:单(shàn,姓氏)老师说,单(chán)于(匈奴首领)只会骑马,不会骑单(dān)车。

度:度(dù,姓氏)老师大度(dù),一向度(duó)德量力,从不以己度(duó)人。

调:出现矛盾要先调(diào)查,然后调(tiáo)解。

囤：大囤(dùn)、小囤(dùn)，都囤(tún)满了粮食。

弹：弹(dàn)弓，弹(tán)力很强。

得：你得(děi，必须)把心得(dé)体会写得(de)具体、详细些。

二、作品表演训练

二宝有话说

宋护彬

扫码跟我练

　　汪汪汪，大家好。敦厚、稳重是我的性格，能力超凡、酷爱运动是我的名片，今天要闪亮登场的主角就是我，人类的好伙伴、一只可爱的阿拉斯加犬宝宝，我的名字叫二宝。咦？有人问了：那大宝是……大宝，明天见？不！大宝天天见！对，大宝就是我的主人喽。主人很爱我，但又不宠我，我知道他的用心，他希望把我训练成一只有爱心、有能力的好狗狗。

　　在家里的餐桌上，琳琅满目的瓶瓶罐罐，都是大宝为我买的：纯肉的狗粮，促进生长发育的钙片、羊奶，还有我最爱的各种可口的零食。告诉你们一个小秘密，我经常偷偷看主人玩手机，他总是看一些和狗狗有关的内容，可见主人有多关心我了吧。不过，最快乐的还是每天跟着大宝走街串巷，各种新奇、好玩的东西吸引着我的眼球，真是目不暇接啊！我还总能看到好多伙伴呢！

　　最开心的是很多人都非常喜欢我，因为我会主动、友善地上前和他们打招呼。而你们人类也总是非常亲热地抚摸我的头，或者和我握手，还会毫不吝啬地夸赞我。我的心里真是美滋滋的！每到这个时候，大宝也会倍感自豪，拿出零食奖励我。

　　当然我也有犯错挨揍的时候。最近因为需要打疫苗针，不能洗澡，我身上总是臭臭的。那天，我吃饱喝足，趁大宝没留意，偷偷溜进了他的卧室，"噌"的一声，我就蹿上了床。我刚想和主人亲近，可没想到，大宝不但没赞美我，更没给我零食，还"啪啪啪"奖励了我一顿打。我委屈地"嗷嗷"哭了几声，嘿嘿，说实话，打得一点也不疼。后来我知道了原因，我一点也不怪大宝。因为大宝爱我，我也爱大宝。

　　好了，就和你们说这么多。我现在还小，你们看着吧，长大以后的我，一定能成为我家大宝最引以为豪的好狗狗。

训练要求

　　这篇自述作品以一段响亮的自我介绍开始，表达要干净、流利。随着自述的进行，语言风格开始转为风趣、幽默，进入第二段，增加了一些与观众的情感互动，在语言与肢体的表演上更多了几分夸张与得意。尤其说到"走街串巷"时，要充分发挥视觉想象力，在表演上多运用恰当的舞台调度。进入第四段,话锋一转,情绪变得些许沮丧,但当说到偷偷溜进主人房间时,语言要从和缓转向急促,以达到让观众忍俊不禁的表现效果。总之,要根据对狗的了解,在语言的表达,抑或肢体的塑造等方面,力求贴近角色形象,通过肢体或语气、语调的变化,让观众从你的自述表演中,看到一只活灵活现的狗。

三、拓展活动

从"二宝"的自述便知,它是一只乖巧、聪明的狗。狗是我们人类最好的伙伴之一。只要同学们多观察它们的样貌体征以及生理特点,就一定可以写出一篇富有情趣的自述表演稿。我想很多同学家里都养过宠物吧,那么,就请你拿起笔,写一篇有趣的动物自述吧。

四、经典吟诵

自 相 矛 盾

楚人有鬻(yù)盾与矛者,誉之曰:"吾盾之坚,物莫能陷也。"又誉其矛曰:"吾矛之利,于物无不陷也。"或曰:"以子之矛,陷子之盾,何如?"其人弗能应也。夫不可陷之盾与无不陷之矛,不可同世而立。

(选自《韩非子·难一》)

译文

有一个楚国人,既卖盾又卖矛。他夸耀自己的盾,说:"我的盾坚固无比,没有什么东西能够穿透它。"又夸耀自己的矛,说:"我的矛锋利极了,任何坚固的东西都穿得透。"有人问他:"如果用您的矛刺您的盾,结果会怎样呢?"那人张口结舌,一句话也回答不上来。什么都不能刺穿的盾与什么都能刺穿的矛,不可能同时存在于这个世界上。

第五课　小小牵牛花　暖暖爱心传1

一、基础训练

1."话"画(话心情)

早,小松鼠

早安,小松鼠

（这是你最好的朋友，你向他发出最真诚的问候，相信每一位同学都可以读好）

整个早晨

我一直看着你

（你为什么这么长的时间都在看着它，毋庸置疑，你太喜欢它了，或者它太有趣了，因此朗诵时要充满着喜爱之情，在读"整个"和"一直"两个词语时，既不能太重，也不可太轻，仔细体会真情实感）

怎样把每一寸

玲珑的晨光

（于是你发出了疑问，朗诵时，切不可皱起眉头表示无法理解，要有一气呵成之感，尤其注意"晨"字是前鼻音，"玲珑"要读得轻巧）

变作七彩的跳跃

嚼成松子的果香

（朗读时，需有语势变化，理解"跳跃"一词的含义，并让语言也随之跳跃。许多学生在平时朗诵时，经常会将一句话的语尾掉下来，这里要尤其注意。同理，在朗诵"果香"一词时，也要如同闻到了沁人心脾的香味儿，并让听众也感受到，因此语言要有延伸之感）

2. 动动嘴巴，越绕越精彩

（1）声母发音练习——舌尖中音（n，l）。

n 发音要领：双唇稍开，舌尖抵住上齿龈，软腭下垂，打开鼻腔通道，声带颤动，使气流上升到鼻腔并流出而成音。例：男女、恼怒、牛奶、泥泞。

l 发音要领：双唇稍开，舌尖卷起抵住上齿龈，软腭与小舌向后咽壁挺起，关闭鼻腔通道，舌尖中部收缩，两边各留一些缝隙，声带振动，使气流从舌头两边预留的缝隙流出而成音。例：流利、理论、绿柳、拉力。

训练提示

n、l 的发音部位相同，发音方法不同，有些方言区的人容易混淆。主要原因是鼻音和边音没分清楚，没有把握好软腭、小舌升降这个关键问题。发 n 时比发 l 时的舌尖力量要大些，舌尖顶满上齿龈，迫使气流从鼻腔流出。发 l 时软腭、小舌要挺起关闭鼻腔，气流从舌头两边流出而成边音。

（2）绕口令练习。

打南边来了两队篮球运动员，一队是穿蓝球衣的男运动员，一队是穿绿球衣的女运动员。男女运动员都来练投篮，不怕累，不怕难，努力练投篮。

盘里放着一只梨，桌上放块橡皮泥。小倪用泥学捏梨，眼看着梨，手捏着泥，一会儿捏成一只梨。

南南家种兰花,兰兰家种南瓜。南南要用兰花换兰兰家的南瓜,兰兰不愿用南瓜换南南家的兰花。

训练建议

进入讲故事单元,说好绕口令、演好绕口令就显得更加重要了。因此,教师在选择绕口令训练题材时,不仅要细致思考其难易程度,还要考虑内容是否符合学生现有水平,是否有利于他们的表演。

3.多话话,话不同(n,l)

量:有闲心思量(liáng)她,没度量(liàng)宽容她。

宁:尽管他生活一直没宁(níng)静过,但他宁(nìng)死不屈,也不息事宁(níng)人。

了:他了(liào)望半天,对地形早已了(liǎo)如指掌了(le)。

弄:别在弄(lòng)堂玩弄(nòng)小鸟。

俩:他兄弟俩(liǎ)耍猴的伎俩(liǎng)不过如此。

露:小杨刚一露(lòu)头,就暴露(lù)了目标。

二、作品表演训练

小小牵牛花　暖暖爱心传 1

宋护彬

承受过风雨的考验,也享受了阳光的洗礼,再经历足足10小时火车的跋涉,我从遥远的北方来到了一个温暖、湿润的城市。

我是一颗小小的、黑色的牵牛花种子。有一天,有人在路旁发现了我,他驻足,好像突然间发现了什么宝贝似的,一面惊喜地拍照,将依然盛开的牵牛花姐妹留在了相机里,一面又极为小心地把我从即将破裂的外壳中剥离,放在手掌心里,用手指轻抚。我看着他明亮的眼睛,心里充满好奇,他是一个怎样的人,竟如此欢乐?为何要把我摘下?又要将我带到哪里?

扫码跟我练

这些疑问在火车上一一得到了解答。他,是一位人民教师,家安在上海,他要将美丽播撒,让孩子的心灵美丽如花。

现在的我,和同伴们住在一个精致的小房间里。老师会在阳光充足的时候,打开小窗,让我和同伴们痛快地洗个日光浴,保持身体的凉爽、干燥。慢慢地,我们也都熟悉并喜欢上了这里。

　　盼望着,盼望着,冬天来了,不同的是,这里没有老家寒冷,更没有雪花飘起。同伴们急切等待着再次搬家,深深扎根在土地里。终于,老师把我们带进了课堂。小朋友们瞪着明亮的大眼睛,渴望着种子快点分到他们的手里。"同学们,不急,保持秩序,每人都能分到牵牛花籽。"就这样,老师细心地将这份爱的礼物,扎根在了上海孩子们的心坎儿里。

　　那么,我会适应这里的气候吗?上海的孩子们会好好爱护我们吗?别急,下回再聊。

✿ 训练要求

　　这篇自述表演稿是作者有感而发,一粒粒小种子,从遥远的北方来到上海安家,却绽放得更艳、更美,因为它们遇到了一群有爱心的好孩子、好家长。许多孩子之前从未见过真的牵牛花,自从他们拿到花种,他们变得有责任、有担当、有爱心,更懂分享。从花种埋入地下那一刻起,种子在生根、发芽,孩子们也在长大。我想这才是这一粒粒牵牛花的种子对孩子们的影响,以及传递的真正的使命吧!牵牛花,是很多"70后""80后"儿时美好的记忆,因此,让牵牛花开在寻常百姓家,也圆了作者的一个梦。

　　这篇自述表演稿的基调和前面的风格略有不同,要把握娓娓道来的语言风格,掌握倾诉、分享的主要基调。在表演上,不同于动物自述的夸张,应用自然、放松的语气,力求通过你的自述表演,让这样一个美好的小故事,给观众带来美好、放松的心灵滋养。

三、拓展活动

　　这篇自述表演稿,有一个小小遗憾,就是没有描绘出牵牛花的样子,从文中"有人在路旁发现了我,他驻足,好像突然间发现了什么宝贝似的,一面惊喜地拍照,将依然盛开的牵牛花姐妹留在了相机里"大致可以推断,有人一定是被牵牛花与众不同的美丽所吸引。这里邀请同学们在学习好这篇自述表演稿后,写一篇题目为《万紫"牵"红,牵牛最牛》的小文章,请让大家通过你的作品看到牵牛花!

四、经典吟诵

赠 荷 花

（唐）李商隐

世间花叶不相伦,花入金盆叶作尘。

惟有绿荷红菡萏（hàn dàn）,卷舒开合任天真。

此花此叶常相映,翠减红衰愁杀人。

🖋 译文

　　世上人们对花和叶的说法不同,把花栽在美观的金盆中,却不管花叶,让它落在土里变为尘土。只有荷花是红花绿叶相配,荷叶有卷有舒,荷花有开有合,衬托得那样完美自然。荷花与荷叶长期交相辉映,当荷叶掉落、荷花凋谢之时,这种情景是多么令人惋惜啊!

第六课　小小牵牛花　暖暖爱心传 2

一、基础训练

1."话"画(话对比或呼应)

您在上游,我在下游,水是从那儿流到这儿的,我怎么可能把您的水弄脏呢?

这俩说相声的人儿可真逗,站在一起就让人忍俊不禁,一个这么胖,一个这么瘦。

不要问别人怎样读书,读怎样的书,要根据自己的需要去读,去选择才好。

我们会把友谊铺展成路,山挡住开路,水隔住架桥,永远相连,永远通畅。

对于每个人,集体是奔腾的江河;对于每个集体,个人是水滴一颗。

她有着和蔼可亲的笑容,她有着气概非凡的风韵,是您给我们深深的爱,是您给我们甜甜的情,您永远在我们心中。

我望着窗外,路旁,一朵野花正在开放;远方,一幢大楼正在盖瓦;天空,一只乳燕正在飞翔……

一年的春天,母亲牵着我的小手,我拽着母亲温暖的大手,一切都是新的。

> **训练提示**

"话"画中,我们可以看到重音在朗诵中随处可见,有重便有轻,因此判断是否真正读懂语意,重音是否准确使用可谓关键。朗诵时,我们力求根据文章的语意来确定是否需要重音强调,既不可千篇一律,无重音,轻描淡写,也不可句句有重音,不知要强调什么。情感色彩决定了朗诵方式:或快或慢、或轻或重、或刚或柔,等等。总之,教师要正确引导学生了解词语在句中的作用,从而使其正确地运用好重音进行朗读、朗诵。

2.动动嘴巴,越绕越精彩

(1)声母发音练习——舌根音(g、k、h)。

舌根音包括 g、k、h 这三个音,这三个音在发音时有其共同点,即都是舌根和软腭相接或相近、气流受阻后发出的音。但也有不同,需要好好体会和区分。

g 发音要领:舌根抵住软腭,猛然离开,气流冲出,但不是用力送气。

k 发音要领:k 的发音步骤和方法与 g 是一样的,但要将气流用力送出。

h 发音要领:舌根上抬与软腭接近,形成一条缝隙,让不颤动声带的气流径直从这条缝隙中挤出去,摩擦成声。

⚠ 训练提示

舌根音 g、k、h 和舌面音 j、q、x 是特别容易发错的音,发音方法一定不能混淆,要通过字词绕口令、文章朗读等多种形式辨别练习。

(2)绕口令练习。

王婆卖瓜又卖花,一边卖来一边夸,又夸花,又夸瓜,夸瓜大,大夸花,瓜大,花好,笑哈哈。

华华有两朵红花,红红有两朵黄花,华华想要黄花,红红想要红花,华华送给红红一朵红花,红红送给华华一朵黄花。

一个胖娃娃,画了三个大花蛤蟆,三个胖娃娃,画不出一个大花蛤蟆。画不出一个大花蛤蟆的三个胖娃娃,真不如画了三个大花蛤蟆的一个胖娃娃。

☺ 训练建议

在此要再次强调,绕口令的训练,要始终遵循慢练再表演的方法。随着语言表演学习的深入,更要注重绕口令慢练,并以此作为评价学生字音的"对""准""美"的标准。

慢练绕口令好处多多,它犹如放大镜,能把字、词、句中的所有细节都放大,使学生能谨慎地注意口腔的每一个细微动作。慢练是克服"笨嘴拙舌"的根本方法,其最大优点是来得及想动作,来得及修正,来得及根据自身感官得到的反馈信息调整和修正吐字的缺点和归音毛病。如果一味求快,学生只能读出快而乱、语感粗糙的绕口令。

3. 多话话,话不同(g,k,h)

干:穿着干(gān)净的衣服干(gàn)脏活,真有点不协调。

看:看(kān)守大门的保安,也很喜欢看(kàn)小说。

行:银行(háng)发行(xíng)股票,报纸刊登行(háng)情。

喝:武松大喝(hè)一声:"快拿酒来!我要喝(hē)十二碗。"博得众食客一阵喝(hè)彩。

和:天气暖和(huo),小和(hé)在家和(huó)泥抹墙;他讲原则,是非面前,从不和(huò)稀泥,也不随声附和(hè),更不会在麻将桌上高喊:"我和(hú)了。"

哄:他那哄(hǒng)小孩似的话,引得人们哄(hōng)堂大笑,大家听了一哄(hòng)而散。

荷:荷(hé)花旁边,站着一位荷(hè)枪实弹的战士。

冠:他得了冠(guàn)军后,就有点冠(guān)冕堂皇了。

号:受了批评,那几名小号(hào)手都号(háo)啕大哭起来。

还:下课后,我还(hái)要去图书馆还(huán)书。

会:今天召开的会(kuài)计工作会(huì)议一会(huì)儿就要结束了。

吓:敌人的恐吓(hè),吓(xià)不倒他。

二、作品表演训练

小小牵牛花　暖暖爱心传 2

付红艳　宋护彬

经过长途跋涉,我,一颗北方的种子,在老师的陪伴下,顺利来到了上海这个美丽的城市。在新的家里生根、发芽,花开花谢,又结出了好多黑珍珠般的种子。我完全适应了这里的环境和气候。我常常看到老师独自长时间地欣赏着我们,他经常说的一句话就是:"我要把北方的牵牛花播撒在上海更多的角落,让你们扎根在这里的土地上,让你们的美丽印刻在孩子最美好的童年里。"

扫码跟我练

跟随老师我们又来到一个陌生的地方,这是教室吗? 这里简直是一片欢乐的海洋啊!处处洋溢着孩子们天使般纯真的笑颜! 老师常被孩子们逗得开怀大笑! 我从孩子们急切的小脸上看出了他们有多么喜欢老师,多么想得到牵牛花的种子。我被一个美丽的小女孩捧在了手掌心里。她开心地笑着,就像得到了一个宝贝。她就这么一路把我捧到了新家。

哇! 多么整洁、明亮! 小女孩和妈妈一起,迫不及待地把我种在院子的花坛里,并给我做好了攀爬的支架。小女孩天天来看我,母女俩精心地照顾我,给我补充水分和养料,盼着我早日发芽。

我也不辜负她们的期望,使足了劲儿大口地吸着养分。终于,我冲破泥土,长出了嫩芽。我还记得那一刻的情景,小女孩跳着,呼喊着:"妈妈,妈妈,你快来呀,牵牛花真的发芽了!"看着她如此兴奋的样子,我竟感动得哭了。从此我更加努力地生长,沿着支架攀爬着,枝蔓越来越长,绿叶越来越多。

天气也越来越暖和了。我开出了第一朵花,小女孩抑制不住内心的喜悦,一蹦三尺高:"牵牛花开了,紫色的,像个小喇叭,还像我的连衣裙。好漂亮啊!"听着小女孩的赞美,我们的兄弟姐妹也都乐了,它们也争先恐后地,一朵,两朵,三朵……竟开满了院墙,院墙成了一面花墙。我们用美好装饰着小女孩的家。

有一天,小女孩跑到我跟前兴高采烈地说:"特大喜讯,小伙伴们,老师要举办一个牵牛花摄影比赛,我要把你们拍得美美的!"我们在微风中快乐地摇曳着脑袋,个个展开自己的大喇叭,摆出不同的造型,展示着自己的风采。小女孩为照片取了一个好听而又温暖的名字——"美丽与希望"!

宋老师,感谢您!您是美丽的使者!让来自北方的我们,绽放在上海的土地上,绽放在每一个学生的家里!是您让孩子们懂得了付出后的收获是多么可贵,我们希望每年都陪伴孩子们成长!

训练要求

这篇自述表演稿是宋老师邀请家长与学生共同完成的。整篇文章没有华丽辞藻,而是用平凡质朴的文字传达了真情实感。一粒粒小小的、普通的牵牛花种,交托到了孩子手中,忽然之间,他们长大了、懂事了,懂得了关心、爱护与牵挂,也在养护过程中知道了承诺与责任的意义,更在付出之后收获了一份发自肺腑的喜悦。这真是"小小一朵牵牛花,承载责任与希望"啊!

这篇自述表演稿的基调以平实叙说为主,除了自述外,还要模仿他人的语气(如老师的话、小女孩的话),所以教师要注意及时引导学生进行角色的转换,让观众轻松、愉悦地欣赏"一个人唱三人戏"的趣味及魅力。最后一段,字里行间流露出牵牛花的感慨以及"小小牵牛花,暖暖爱心传"的美好愿景,训练中要注意语速和情绪的准确把握。生活中无处不蕴含着艺术源泉,让我们擦亮智慧的双眼,去发现、去捕捉、去记录吧!

三、拓展活动

连续两篇有关牵牛花的自述表演稿,在刻画主人公牵牛花的同时,也时刻提及学生的课堂、学生的情感,让我们倍感熟悉与亲切。说到自己的同班同学,同学们一定会有说不完的话吧!如果说自己呢?会不会更熟悉?快拿起笔,写一篇《花儿的自述》和大家一起分享吧!

四、经典吟诵

夏 花 明

（唐）韦应物

夏条绿已密,朱萼缀明鲜。

炎炎日正午,灼灼火俱燃。

翻风适自乱,照水复成妍。

归视窗间字,荧煌满眼前。

译文

夏天树木的枝条十分浓密,绿意盎然,朱红的花朵点缀在上面,显得明亮、鲜美。正当中午,炎炎烈日当空,花朵灼灼,像火燃烧一样。一阵风吹来,花叶都翻卷凌乱,映照在水面上,十分鲜妍。我归来看窗子上的字,眼前一片闪烁(因为被花的艳光晃花了眼睛)。

第七课　狐狸的自述

一、基础训练

1."话"画(话对比)

每一个语句都有其目的,朗读时,必须分析句子所要表达的重点。同一个句子,重音的位置不同,语句的意思就大不相同。重音愈精,语意愈清,目的愈明。

哪是你的书? 这是我的书。

这是不是你的书? 这是我的书。

这是谁的书? 这是我的书。

这是你的什么? 这是我的书。

五岁的汉克和爸爸、妈妈、哥哥一起到森林里干活。正当他们干得热火朝天时,突然间,下起了大雨,森林里的小动物逃走了,可他们一家该怎么办呢? 他们只带了一块雨披。只见爸爸将雨披给了妈妈,妈妈给了哥哥,哥哥又给了汉克。汉克疑惑地问道:"为什么爸爸把雨披给了妈妈,妈妈给了哥哥,哥哥又给了我呢?"爸爸镇定地回答道:"因为爸爸比妈妈强大,妈妈比哥哥强大,哥哥又比你强大呀,我们都会保护比较弱小的人。"汉克左看看、右瞧瞧,突然跑到一边,将雨披撑开,挡在了风雨中飘摇的一朵娇弱的小花上面。看到汉克这个举动,全家人都笑了,笑得比花儿还灿烂。

> **训练提示**
>
> 朗读时,总体的感情色彩体现在语调中,而具体的感情色彩体现在语气中。在用语调、语速表达感情时,应重视对思想内容和情感态度进行细致入微的刻画和表达,需立足于整篇作品。

2.动动嘴巴,越绕越精彩

(1)声母发音练习——舌面音(j,q,x)。

j、q、x 是一组舌面音,发音时舌面隆起且与硬腭前接触。为了避免舌尖参与发音,最好把舌尖放到下牙龈处。j、q 发音时是先塞后擦,x 发音时舌面与硬腭则没有完全接触,留有缝隙,摩擦成音。

j 发音要领:发音时舌尖下垂,舌面前部向上隆起,贴紧硬腭前部,然后微微放松,使气流从窄缝中摩擦而出,但不是用力送气。

q发音要领:舌头的部位及发音方法和j相同,但是要将气流用力送出。

x发音要领:发音时,舌尖下垂,舌面前部向上隆起,接近硬腭前部,使气流从窄缝中摩擦而出。

训练提示

这组发音最容易出现尖音(舌尖化)的问题。对于播音员来说,有了尖音,就会显得不庄重、不朴实。学习者除了要做好辨音外,还要注意不要让舌尖碰到牙齿或两齿之间,这样就可以很好地避免尖音的出现。

要辨别这几组音,一定要把发音部位分清楚。试比较下面几组发音:

娇气—遭弃—朝气　鉴定—暂定—站定

掐花—擦花—插花　余气—鱼刺—鱼翅

昔人—死人—诗人　大小—大嫂—大勺

在这几组音中,j、q、x的发音都是舌尖向下,用舌面与硬腭配合发音;z、c、s的发音是舌尖平伸,舌尖前部与上门齿背配合发音;zh、ch、sh是用舌尖后部与硬腭前部配合发音。也就是说,发这几组音时,舌尖分别往下翘、平伸、往上翘。

(2)绕口令练习。

七加一,七减一,加完减完等于几? 七加一,七减一,加完减完还是七。

七巷一个漆匠,西巷一个锡匠。七巷漆匠用了西巷锡匠的锡,西巷锡匠拿了七巷漆匠的漆,七巷漆匠气西巷锡匠用了漆,西巷锡匠讥七巷漆匠拿了锡。

京剧叫京剧,警句叫警句。京剧不能叫警句,警句不能叫京剧。

尖塔尖,尖杆尖,杆尖尖似塔尖尖,塔尖尖似杆尖尖。有人说杆尖比塔尖尖,有人说塔尖比杆尖尖。不知到底是杆尖比塔尖尖,还是塔尖比杆尖尖。

谢老爷在街上扫雪,薛大爷在屋里打铁。薛大爷见谢老爷在街上扫雪,就急忙放下手里正在打着的铁,跑到街上帮助谢老爷来扫雪。谢老爷扫完了街上的雪,就急忙进屋里帮薛大爷打铁。

北边来了一个瘸子,背着一捆橛子,南边来了一个瘸子,背着一筐茄子。背橛子的瘸子打了背茄子的瘸子一橛子。背茄子的瘸子打了背橛子的瘸子一茄子。

训练建议

舌面音发音不准确的问题,不只发生在学生身上,甚至也存在于一些专业演员当中。究其原因,除了极少是天生条件和方言习惯外,更多的还是发音时舌的位置错误造成的。因此,在训练中,教师要及时发现、及时纠正。

3. 多话话,话不同(j,q,x)

奇:数学中奇(jī)数,是最奇(qí)妙的。

系:你得系(jì)上红领巾,去学校联系(xì)少先队员,来参加活动。

假:假(jiǎ)如儿童节学校不放假(jià),我们怎么办?

降:我们有办法使从空中降(jiàng)落的敌人投降(xiáng)。

间:他们两人之间(jiān)的友谊,从来没有间(jiàn)断过。

劲:球场上遇到劲(jìng)敌,倒使他干劲(jìn)更足了。

茄:我不喜欢抽雪茄(jiā)烟,但我喜欢吃番茄(qié)。

几:这几(jǐ)张茶几(jī),几(jī)乎都要散架了。

卷:考卷(juàn)被风卷(juǎn)起,飘落到了地上。

二、作品表演训练

狐狸的自述

宋护彬

(一)

嗨,你们好啊(自信满满地跟观众打招呼),我就是人见人爱、花见花开的花狐狸(对仗句式,可巧妙运用打开左右手的肢体语言表现骄傲的情绪),爱美就是我的天性。你们看,每天我都会把这件火红的大皮袄穿在身上,大家都夸我雍容、华丽、漂亮(漂亮的"漂"双唇音,送气喷口)!哦,对了,你们再瞧我这条蓬松的大尾巴,更是让我神气十足!(可塑造尾巴造型,双手向上画半圆后交叉至胸前,表达目中无人的感觉)哈哈,人们总是喜欢用两个字夸我:狡……瞧我这张嘴,是"聪明"!(看向观众,眼神交流)啥,你们不信?没关系,那就听我讲讲吧!(眼神再换向另一个方向的观众)

扫码跟我练

(二)

还记得你们学习的课文《乌鸦和狐狸》吗?说的就是我!我用花言巧语博得了那只又黑又丑的乌鸦的信任,让叼在它嘴里的肥肉飞到了我的嘴里。啧啧啧,那肉的滋味儿啊,甭提多鲜多美了!吃饱了之后呢,我就去找那只头脑简单、四肢发达的百兽之王——老虎啦。聪明睿智的我,轻轻松松就让他乖乖地带着我在森林里走了一遭。嘿嘿,你们不知道,森林里所有的动物有多佩服我,简直是五体投地!可这刚一出名,就招来了嫉妒,居然有人说我那是"狐假虎威"!哼,为了证明我的实力,我决定再做一件惊天动地的大事儿,你们等着瞧吧!拜拜!

(三)

今天,我就来告诉你们,我做了什么惊天大事,欺了乌鸦、骗了老虎,我,(斜对观众,表现傲气凌人的神态)不满足,我的野心大着呢!(头转向观众诉说)紧接着我又化装成理发师,用锋利的剪刀,咔嚓咔嚓,(运用行动语言走向观众再炫耀)剃光了那头威风凛凛的狮子的头发,让它变成了(卖关子,停顿)大光头!(特别强调)(捂捂嘴巴偷乐着)威风扫地啊,我用它的毛发为我的宝贝孩子织了一条大大的毛毯(左右手尽量夸张打开,自己先看到,同时也让观众看到这条大大的毛毯),过了一个温暖的冬天(手臂交叉至肩头,表现得意扬扬的感觉)。

不过,(情绪转变,语流速度变快)最近我可倒霉了。你们不是总说我太骄傲、太自满嘛,所以我想,那我也来学习一下森林世界公认的谦虚人——水牛爷爷吧。我以为谦虚实在是太好学了,就是那么两点:一是把自己的什么都说得小一点(手臂向上抛起,再指向地面,表示大与小、多与少的对比悬殊),二是把自己的什么都说得少一点(同理)。可这回却是聪明反被聪明误,被一只小老鼠误认为我得了神经病。哎! 这谦虚没学成,谣言就传开了,(双手手背与手心击打表示后悔的情绪)现在大家都在说,森林世界出了一只妖怪狐狸,长着三条腿,却拖着一条比老鼠还要小的尾巴! 真是气死我了,我的一世美名就这么被毁了!(愤愤离场,结束)

训练要求

可以说,狐狸的故事曾伴随着每一位同学的成长,相信每位同学的心中都有着属于自己童话世界的狐狸的形象。但毋庸置疑的是,狐狸的肢体动作、眼神、语气模仿比较有挑战性。这篇风趣幽默的自述表演稿,同学们一定要仔细揣摩狐狸说的每一句话:适用哪种语气? 何种眼神? 什么样的肢体动作等? 相信经历了一次次别具特色的自述表演训练之后,同学们语言的艺术性、舞台的表现力都能获得进一步的提升。教师可根据学生的年龄和理解力,分别做出不同类型的示范,由浅入深,帮助学生掌握角色特点,从而凸显表演的要点。

三、拓展活动

这篇《狐狸的自述》,融合了两个你们非常熟悉的小故事。同学们,你们还听过哪些和狐狸有关的故事呢? 也请你们试着再加入一个故事情节,让《狐狸的自述》变得更加丰富多彩吧!

四、经典吟诵

狼

(清)蒲松龄

一屠晚归,担中肉尽,止有剩骨。途中两狼,缀行甚远。屠惧,投以骨。一狼得骨止,一狼仍从。复投之,后狼止而前狼又至。骨已尽矣。而两狼之并驱如故。

屠大窘,恐前后受其敌。顾野有麦场,场主积薪其中,苫蔽成丘。屠乃奔倚其下,弛担持刀。狼不敢前,眈眈相向。

少时,一狼径,其一犬坐于前。久之,目似瞑,意暇甚。屠暴起,以刀劈狼首,又数刀毙之。方欲行,转视积薪后,一狼洞其中,意将隧入以攻其后也。身已半入,止露尻尾。屠自后断其股,亦毙之。乃悟前狼假寐,盖以诱敌。

狼亦黠矣,而顷刻两毙,禽兽之变诈几何哉?止增笑耳。

译文

一个屠夫傍晚回家,担子里面的肉已经卖完,只有剩下的骨头。路上遇见两只狼,紧跟着屠夫走了很远。屠夫害怕了,把骨头扔给狼。一只狼得到骨头停下了。另一只狼仍然跟着他。屠夫又把骨头扔给狼,后面得到骨头的狼停下了,可是前面得到骨头的狼又赶到了。骨头已经扔完了。但是两只狼像原来一样一起追赶屠夫。

屠夫非常困窘急迫,恐怕前后一起受到狼的攻击。屠夫看见田野里有一个打麦场,打麦场的主人把柴草堆积在打麦场里,覆盖成小山(似的)。屠夫于是跑过去靠在柴草堆的下面,放下担子拿起屠刀。两只狼不敢上前,瞪着眼睛看着屠夫。

一会儿,一只狼径直走开了,另一只狼像狗似的蹲坐在屠夫的前面。时间长了,那只狼的眼睛好像闭上了,神情悠闲得很。屠夫突然跳起,用刀砍狼的脑袋,又连砍几刀把狼杀死。屠夫刚想要走,转身看见柴草堆的后面,另一只狼正在柴草堆里打洞,打算钻洞进去,来攻击屠夫的后面。身子已经钻进去一半,只露出屁股和尾巴。屠夫从狼的后面砍断了狼的大腿,把这只狼也杀死了。屠夫这才明白前面的那只狼假装睡觉,原来是用这种方式来诱骗敌方。

狼也太狡猾了,可是一会儿两只狼都被杀死了,禽兽的欺骗手段能有多少呢?只给人们增加笑料罢了。

第八课 "不倒翁"的求助帖

一、基础训练

1."话"画(点燃感情色彩的关键词)

苃苃草上的露珠,又圆又亮,那是太阳给予的光芒。(明亮、轻快)

他一路快乐勇敢地向我们走来。(积极、坚定)

重复几十年的轨迹,母亲还在行走。从她写满沧桑的脸上,我知道岁月在流逝。(色彩黯然、慢读)

曾几何时,铁马兵戈,气吞万里!曾几何时,风云色变,血映山河!(刚毅地,渐快)

大理永远是宁静的。它就是静的,像星空一样深邃而悠远。(轻读)

焰火在天空噼里啪啦地燃爆着,人们的心情也飞扬起来……(象声词作重音)

炮火正在战场上遍地开花,战士们正呐喊着冲向敌人的碉堡,可他们的生命却像即将燃尽的蜡烛,渐渐熄灭了……(运用速度快与慢的对比、声音高与低的区分来表达悲壮与哀伤的复杂心情)

> **训练提示**

确定重音的位置是为了在朗读中更好地表达重音,如何用有声语言把重音表达清楚是表现技巧的问题。常见的重音表现技巧:①加强音量,表明态度、观点;②重音轻读,表达深沉、凝重、亲切、细腻的思想感情;③重音慢读,拖长音节;④利用停顿。

2. 动动嘴巴,越绕越精彩

(1)声母发音练习——舌尖前音(z,c,s)。

舌尖前音,就是利用舌尖抵住上门齿背形成阻碍发出的辅音。上门齿背比上齿龈位置靠前(靠近双唇),因此,相对于利用舌尖抵住上齿龈的舌尖中音,这类音就叫舌尖前音。

发 z 音时,舌尖向前平伸,抵住上齿背,憋住气,然后舌尖稍稍离开,形成狭缝,让气流从中挤出来,声带不颤动。

c 的发音部位和方法跟 z 大体相同,只是吐出的气流较强。

发 s 音时,舌尖向前平伸,靠近上齿背,形成狭缝,让气流从中挤出来,声带不颤动。

z、c、s 都是舌尖平伸发音,因而也叫平舌音。

在许多方言中,卷舌音和平舌音不分,甚至这两类音和舌面音 j、q、x 也不分。学习普通话,要特别注意区分这三类音。

> **训练提示**

发音时,一定要确保发音部位准确,注意舌尖要与上齿背形成阻碍,而不是舌前部整个贴在齿背上,否则舌中部无力,成阻面减小,造成力量分散。此外,还要避免舌尖伸到两齿中间变成齿间音。

请大声朗读以下字词。

z

单音节:咱 最 在 滋 尊 仔 脏 宗 坐 责 组 增

双音节:总则 自尊 自在 藏族 宗族 酸枣 祖宗 自足 造作 做作

四音节:自得其乐 再接再厉 责无旁贷 纵横交错 座无虚席 字里行间

c

单音节:醋 层 村 擦 辞 苍 催 操 蚕 匆 策 采

双音节:猜测 苍翠 从此 措辞 层次 粗糙 摧残 草丛 参差 璀璨

四音节:沧海桑田 草草了事 寸步难行 草木皆兵 侧目而视 此起彼伏

s

单音节:思 色 随 洒 酥 孙 塞 嗓 梭 三 松 耸

双音节:琐碎 松散 思索 色素 洒扫 三思 四散 搜索 诉讼 速算

四音节:司空见惯 丝丝入扣 四面楚歌 素昧平生 俗不可耐 所向无敌

(2)绕口令练习。

小四在刺字,四次刺"四"字,"四"字刺四次,小四四字都是"四"。

谁说四十是"细席",他的舌头没用力;谁说十四是"适时",他的舌头没伸直。认真学,常练习,十四、四十、四十四。

操场前面有三十三棵桑树,操场后面有四十四棵枣树。张三把三十三棵桑树认作枣树,赵四把四十四棵枣树认作桑树。

四是四,十是十,四十是四十,十四是十四,四十减十四,再乘四十四,就是一千一百四十四,不信你就试一试。

训练建议

在教学中经常发现学生舌尖前音平翘不分的现象,因此,一定要重视并加强对舌尖前音的字词、绕口令的训练。当然这并非一节课可以改变的,需要学生在掌握发音要领的基础上,加强课后练习。教师也要不断督促和检查,直至改正。

3. 多话话,话不同(z,c,s)

载:据史书记载(zǎi),王昭君多才多艺,每逢汉匈首脑聚会,她都要载(zài)歌载(zài)舞。

丧:他穿着丧(sāng)服,为丧(sāng)葬费发愁,神情沮丧(sàng)、垂头丧(sàng)气。

扎:鱼拼命挣扎(zhá),鱼刺扎(zhā)破了手,他随意包扎(zā)一下。

散:我收集的材料散(sàn)失了,散(sǎn)文没法写了。

参:人参(shēn)苗长得参(cēn)差不齐,还让人参(cān)观吗?

伺:边伺(cì)候他,边窥伺(sì)动静。

藏:《大藏(zàng)经》收藏(cáng)在西藏(zàng)的布达拉宫。

二、作品表演训练

"不倒翁"的求助帖

程颖

扫码跟我练

不倒翁,不会飞的鸟,这算是你们人类给我的别称吗?说到这儿,你们知道我是谁了吧?各位同学,你们好,我就是你们不惜重金打造"冷宫"让我独享的企鹅,被你们宠爱,曾让我们无比得意。可,如今我是来求助,是为我以及那些还在大自然家园苦苦挣扎的兄弟姐妹们求助的。请求人类远离我们生存了千万年的家园。

自从我们的家——南极洲被各国探险队陆续踏足,他们纷纷插上国旗,建起科考基地,直至今日不断有旅行社安排游客赴南极观赏极光,我们只能眼巴巴地看着各色人种纷至沓来,看着你们侵入我们的家园。请你们睁大眼睛仔细看看吧,曾经的冰天雪地,如今气温正在不断上升;曾经坚硬的雪地,如今已被你们的防滑雪地靴踩出一个个深坑。还有人特意拍下这一行行的足迹,以之作为自己曾经踏足南极的见证,发朋友圈炫耀……

可你们知道吗,我们企鹅每天只会沿着一条路线行进。人类的脚印若是"重叠"在我们的"路线"上,我们企鹅就有一命呜呼的危险,那是因为我们的腿太短了,一旦掉进你们的足坑,就很可能无法爬出!你们一定没有想到吧,我的许多同伴就是命丧在这探险、猎奇的脚印上……

我想念我曾经的家,我想念我的伙伴们,可我再也找不到回家的路……今天我只能勇敢地站出来,大声说:人类啊!请你们远离我们的家园,让我们彼此保持距离,各自安好!可以吗?……

🌐 **训练要求**

说起企鹅,它憨态可掬的模样,让人忍俊不禁。可在学习这篇自述时,我们的心情突然变得莫名沉重了。是啊,多少动物曾经都是我们人类比邻而居、天天相伴、和睦相处的好朋友啊,可是由于人类的猎奇心理甚至是利益的驱使,我们的好朋友在一天天遭受威胁甚至是灭亡。训练中,教师首先可和学生聊聊人与自然的话题,激发学生的共鸣,为演绎好作品做好铺垫。其次,由于企鹅形态、步伐易引人发笑,建议表演中,更多关注其无奈的求助、内心的呼喊,不要将重点放在外形的模仿上。整体感情色彩趋于沉重,可运用"深叹"来加强这一感情色彩。

三、拓展活动

看了企鹅的求助帖,我们的心里是不是很难过呢?企鹅在遭受这样的窘境,其他动物的境况如何？它们过得好吗？大家一定还没忘记澳大利亚的那场山火吧，一烧就烧了4个多月，这场灾难级的大火，烧死了10亿只动物。大火所到之处，满目疮痍，而受伤最大的，就是那些无辜的动物。看着这令人颤抖的数字，我们可以做些什么？大家一起行动起来，保护我们共同的家园！

四、经典吟诵

揠 苗 助 长

宋人有闵（mǐn）其苗之不长而揠（yà）之者，芒芒然归，谓其人曰："今日病矣！予助苗长矣！"其子趋而往视之，苗则槁（gǎo）矣。

（选自《孟子·公孙丑上》）

译文

宋国有个人担忧他的禾苗不长高，就拔高了禾苗，一天下来十分疲惫，回到家对他的家人说："今天可把我累坏了，我帮助禾苗长高了！"他儿子听说后急忙到地里去看苗，然而苗都枯萎了。

第九课 钢琴的自述

一、基础训练

1. "话"画（越强调，越轻、越慢）

小草偷偷地从土里钻出来……（轻轻地、俏皮可爱地）

年轻的妈妈含泪说完，又笑了，有一滴泪在她眼角绽放光芒，晶莹剔透，就像蓝宝石。（温柔、温暖地，静静地）

是的，没有一种爱能超越这份感情，因为，你遇到了这个世上最美、最好的爱。（感慨地）

盼望着，盼望着，东风来了，春天的脚步近了。（轻柔地）

世上的山峰纵有万千，没有一座比得上母亲崇高。（此刻，轻、慢的诵读，比重读的语气更强）

妈妈，我真觉得奇怪，你怎么能，怎么能走进那低矮狭小的木板房？！（表达纠结、心痛）

父亲老了，如同那柄被放置在角落里的锄头。（无奈深叹着，感慨）

一扇大门要经历多少风雨方可坐下，它一层一层地脱落。（惋惜而心疼地）

在反复练习中,我们会发现,为了更好地表达对词语的强调意味,大多数时候需要在说到这些词语之前做一个"预备"动作:短暂的停顿。停顿,非常重要,它起到了极好的准备作用,能让朗诵者更好、更准确地把握重音的力度、速度及色彩的尺度。总而言之,所有重音的表达都要建立在反复理解语意的基础上,这样才能把握准确、恰当。

2.动动嘴巴,越绕越精彩

(1)声母发音练习——舌尖后音(zh,ch,sh)。

舌尖后音,就是利用舌尖抵住硬腭前部形成的阻碍发出的辅音。硬腭前部比上齿龈位置靠后(靠近咽喉),因此相比于利用舌尖抵住上齿龈的舌尖中音,这类音就叫舌尖后音。

在发 zh 音时,舌尖翘起,抵住硬腭前部,软腭上升,气流因通路完全封闭而积蓄起来。然后舌尖微离硬腭,形成一个窄缝,气流从窄缝中泄出,摩擦成声。声带不振动。

发 ch 音的阻碍部位和发音方式与发 zh 音同,只是在发 ch 音时,冲出的气流比发 zh 音时要强许多。zh 音是舌尖后不送气清塞擦音,ch 是舌尖后送气清塞擦音。

在发 sh 音时,舌尖翘起,接近硬腭前部,在舌尖与硬腭之间留有一个窄缝,软腭上升,气流从舌尖与硬腭间的窄缝里挤出,摩擦成声。声带不振动。

注意发舌尖后音的时候,舌尖是抬起来向硬腭前端靠近,而不是向后卷起,而且发音部位的接触面越小越好,以免发音含混不清。

(2)绕口令练习。

认识从实践始,实践出真知。知道就是知道,不知道就是不知道。不要知道说不知道,也不要不知道装知道。老老实实,实事求是,一定要做到不折不扣的真知道。

山羊上山,山碰山羊角;水牛下水,水没水牛腰。

树上结了四十四个涩柿子,树下蹲着四十四只石狮子。树下四十四只石狮子,要吃树上四十四个涩柿子;树上四十四个涩柿子,不让树下四十四只石狮子吃树上四十四个涩柿子,树下四十四只石狮子偏要吃树上四十四个涩柿子。

小猪找锄头,吭哧吭哧走。小鸟唱枝头,小猪扭头瞅,锄头撞石头,石头砸猪头。小猪怨锄头,锄头怨猪头。

平翘舌的发音,初期可从学生嘴形发现问题。一个相对有效的方法:发平舌音的时候,嘴巴咧开,面带笑容;发翘舌音时,嘴巴则自然略凸起。另外,在初期学习过程中,特别需要注意不能盲目追求绕口令的诵读速度,而应尽力做到字音圆润、准确,力度饱满。

3. 多话话,话不同(zh,ch,sh)

折:这两批货物都打折(zhé)出售,严重折(shé)本,他再也经不起这样折(zhē)腾。

着:你这着(zhāo)真绝,让他干着(zháo)急,又无法着(zhuó)手应付,心里老是悬着(zhe)。

差:他每次出差(chāi)差(chà)不多都要出点差(chā)错。

盛:盛(shèng)老师盛(shèng)情邀我去她家做客,并帮我盛(chéng)饭。

伧:这个人衣着寒伧(chen),语言伧(cāng)俗。

创:勇于创(chuàng)造的人,难免会遭受创(chuāng)伤。

传:《鸿门宴》是汉代传(zhuàn)记,而不是唐代传(chuán)奇。

涨:我说她涨(zhǎng)了工资,她就涨(zhàng)红着脸,摇头否认。

舍:我真舍(shě)不得离开住了这么多年的宿舍(shè)。

颤:听到这个噩耗,小刘颤(zhàn)栗,小陈颤(chàn)抖。

数:两岁能数(shǔ)数(shù)的小孩,已数(shuò)见不鲜了。

扇:他拿着扇(shàn)子,却扇(shān)不来风。

处:办事处(chù)正在处(chǔ)理这个问题。

称:称(chèng,同"秤")杆的名称(chēng)、实物要相称(chèn)。

朝:我朝(zhāo)气蓬勃朝(cháo)前走。

重:老师很重(zhòng)视这个问题,请重(chóng)说一遍。

二、作品表演训练

钢琴的自述

殷玮蔚 宋护彬

听,一阵悦耳动听的琴声在屋子里荡漾;看,一双小手正在我身上拨动。我是谁?猜对了!我就是号称"乐器之王"的钢琴,刚才那个小女孩是我的主人。最初,我待在琴行里,是被她的父母购置而来的。算一算,一晃八年了,那时小主人才四岁多,现在,我们俩已成为形影不离的好伙伴。

扫码跟我练

你们看,我的个头可不小呢,体重就更不好意思说了。不过因为我乌黑且光滑锃亮的外表,四平八稳的身材,你们还经常夸我端庄、高雅呢。只要你们一靠近我,就想摘下我的帽子(琴盖),我知道,你们是想听我唱歌呢。有人问我,为啥我唱歌会那么好听,你们看啊,谁的嘴巴可以比我更大?还有我这88颗牙齿(琴键)一字排开,音域宽广,变化多端,能不

动听吗？

　　小主人非常疼惜我，一有空就会帮我擦脸、刷牙，让我时刻光亮如新。八年的相伴，她的小手已经变大了，我的歌声也更美了。我们一直在音乐世界里徜徉着，陶醉着……

　　可最近，我有些失落了，也开始懂得了孤单的滋味，我发现小主人回家的时间越来越晚了，作业越来越多了。每次看着她向我走近，我心里激动得砰砰作响，渴望着她帮我打开歌喉，让我纵情歌唱，可她为什么又会望而却步呢？她是那么喜欢音乐，怎么能少了我的陪伴呢？我心里很不是滋味，对了，你们一定是小主人的伙伴吧，一定知道这是为什么，请告诉我吧！

训练要求

　　童年，无疑应是一生中最快乐的时光。回想我们的童年，该学就学，想唱就唱，多少美好都珍藏在快乐无比的童年时光里。而今，生活幸福，科技发达，可为何孩子们的童年似乎又少了些什么，同时又多背负起了些什么？这是一个值得深思的话题，希望在全社会的共同关注下，孩子们的欢乐再多一点，压力再少一点。文章借钢琴的自述反映了如今学生的一些共性问题，值得思考。表演时，无须因钢琴固定不动的特性，而让表演受到限制。

三、拓展活动

　　学习了这么多的自述，同学们的表演是不是已经声情并茂了呢？大家利用课后时间以"我的自说自话"为题也来写一篇自述吧！写你是一个什么样的人（外貌、性格、爱好），你的喜怒哀乐、梦想，等等。切记，自述要找到自己的特点，方能让人过目不忘，内容应有详有略。

四、经典吟诵

性　　急

　　王蓝田性急。尝食鸡子，以箸（zhù）刺之，不得，便大怒，举以掷地。鸡子于地圆转未止，乃下地以屐齿蹍（niǎn）之，又不得。瞋（chēn）甚，复于地取纳口中，啮（niè）破即吐之。

（选自《世说新语》）

译文

　　王蓝田性子很急躁。有一次他吃鸡蛋，用筷子去扎鸡蛋，没有扎到，便十分生气，就把鸡蛋扔到了地上。鸡蛋在地上旋转个不停，他就从席上下来用鞋踩，又没有踩到。他愤怒极了，又从地上把鸡蛋捡起来，放入口中，把蛋咬破就吐掉了。

第十课 幸福的小猪

一、基础训练

1."话"画——语调（语调上扬↗,语调下降↘）

冬天要下雪,↗打雷要下雨↘

蜗牛背着重重的壳,↘牵牛花爬上高高的篱笆↗

（上扬语调表达了明亮轻盈的色彩,下降语调表现出幽默的语言形象）

不知道,↗这个家园经受了多少创伤

我知道,↘一片废墟里,鲜血流淌

不知道,↗那个瞬间倒塌了多少学堂

我知道,↘这里曾经是书声琅琅

（语调上扬表示心情急切,语调下降表示心情沉重;上扬与下降形成了句与句之间的一问一答）

好想念蓝天白云的牧场↗

好想念四处奔跑的骏马肥羊↘

好想念和伙伴们一起玩耍的美好时光↗

好想念草原母亲悠扬动听的歌唱↘

（朗诵者用上扬的语调表达急切的心情,用下降的语调表达一种思念）

是谁的红帽子留在了我的头上,↗我记得她红红的小酒窝↘

是谁的蓝围巾挂在了我的身上,↗我记得他黑黑的大眼睛↘

（一问一答,表达了雪人与孩子之间有趣的互动,心情应是无比愉悦的）

在同一棵树上,我们就同是苹果、↗梨、↘山楂、↗海棠↘。阳光如雨,↗雨露如油,↘我们吸吮着母亲的乳汁,↗做着同样香甜的梦↘。

（上扬与下降的语调将句中画面刻画得栩栩如生）

> **❗ 训练提示**

上扬语调和下降语调是诗歌朗诵最常见的一种技巧,语调的变化可以更准确地表达出文字中蕴含的丰富多样的情感。当诗歌中的语句存在排比、对仗关系时,基本可以运用这种朗诵技巧。由于上扬与下降没有绝对的高低概念,只是一种朗诵时对应语调的发展趋势,因此,教师在引导学生朗诵时,一定要配合手势的上扬或下降以及表情的变化,帮助学生把诵读理论中的上扬和下降变成游刃有余的心境的表达。

2. 动动嘴巴,越绕越精彩

(1)声母发音练习——舌尖后音(r)。

发 r 音的阻碍部位和发音方式与发 sh 音同,只是在发 r 音时,声带要振动。sh 是舌尖后清擦音,r 是舌尖后浊擦音。由于发舌尖后音时,舌尖要向上翘起,仿佛是向后卷,因此舌尖后音 zh、ch、sh、r 通常又叫作卷舌音。

训练提示

人们常把 r 发成 l,如把"人"发成"len","如"发成"lu"。要发好 r 音,不妨这样试一试,先发 s—sh,连续发几遍,再发拖长的 l 音,然后把舌尖稍稍往后一撤,撤到大致相当于 sh 的部位,再发出来的就是很准确的 r 音了。

(2)绕口令练习。

夏日无日日亦热,冬日有日日亦寒。春日日出天渐暖,晒衣晒被晒褥单。秋日天高复云淡,遥看红日迫西山。

肉炒豆,豆炒肉,肉是肉,豆是豆。肉炒豆肉里有豆,豆炒肉豆里有肉。

尤大嫂去买肉,冉大妈去买油,尤大嫂买肉不买油,冉大妈买油不买肉。俩人集上碰了头,尤大嫂请冉大妈到家吃炖肉,冉大妈请尤大嫂去她家喝蜂蜜白糖加香油。

您能不能把路边柳林里的老奶牛拉到牛栏山牛奶站,挤了牛奶再拿到绿柳镇岭南敬老院,交给那里的李奶奶和刘姥姥?

六十六岁的陆老头,盖了六十六间楼,买了六十六篓油,养了六十六头牛,栽了六十六棵垂杨柳。六十六篓油,堆在六十六间楼;六十六头牛,扣在六十六棵垂杨柳。忽然一阵狂风起,吹倒了六十六间楼,翻倒了六十六篓油,折断了六十六棵垂杨柳,砸死了六十六头牛,急煞了六十六岁的陆老头。

训练建议

容易发生平翘舌问题的学员不妨做以下练习:如刮舌,舌尖抵下齿背,舌体贴住齿背,伴随着张嘴,用上门齿齿沿刮舌叶、舌面,使舌面能逐渐上挺隆起,然后,将舌面后移向上贴住硬腭前部,感觉舌面向头顶上部百会穴的位置立起来。这一练习对于打开后声腔和纠正尖音、增加舌面隆起的力量很有效。口腔开度不好的人,舌面音 j、q、x 发音有问题的人可以多练习。

3. 多话话,话不同

(1)z—zh。

佐证 zuǒzhèng　　诅咒 zǔzhòu　　资质 zīzhì

自重 zìzhòng　锱铢 zīzhū　宗旨 zōngzhǐ

总之 zǒngzhī　奏折 zòuzhé　罪状 zuìzhuàng

(2)zh—z。

知足 zhīzú　正宗 zhèngzōng　侄子 zhízi

准则 zhǔnzé　渣子 zhāzi　毡子 zhānzi

张嘴 zhāngzuǐ　铸造 zhùzào　沼泽 zhǎozé

(3)c—ch。

财产 cáichǎn　操场 cāochǎng　餐车 cānchē

辞呈 cíchéng　槽床 cáochuáng　磁场 cíchǎng

彩超 cǎichāo　促成 cùchéng　残喘 cánchuǎn

(4)ch—c。

纯粹 chúncuì　船舱 chuáncāng　冲刺 chōngcì

春蚕 chūncán　差错 chācuò　尺寸 chǐcùn

车次 chēcì　出操 chūcāo　成材 chéngcái

(5)s—sh。

厮守 sīshǒu　缩水 suōshuǐ　琐事 suǒshì

随时 suíshí　桑树 sāngshù　丧失 sàngshī

死神 sǐshén　唆使 suōshǐ　损伤 sǔnshāng

(6)sh—s。

世俗 shìsú　上诉 shàngsù　绳索 shéngsuǒ

石笋 shísǔn　疏散 shūsàn　深思 shēnsī

哨所 shàosuǒ　神色 shénsè　伸缩 shēnsuō

二、作品表演训练

幸福的小猪

严宸皓　宋护彬

"哩噜噜哩噜,哩噜噜哩噜",我是一只幸福的小猪,要吃管够,想睡就呼噜呼噜。生活过得逍遥又惬意。哈哈哈哈!你们再看那大公鸡,天不亮就得打鸣,一遍不够叫三遍,三遍不行叫十遍,那真叫苦呀!还有这老黄牛,吃的是草,天天得拉犁耕地,那更叫累呀!跟它们比比,我的小日子不要太舒坦哦!咦,你们有句话怎么说的,时间是把杀猪刀,当时我一点儿也不懂这是啥意思呢!时间不就是白天吃、晚上睡吗?怎么被你们一说,老

扫码跟我练

吓人的? 我还在想,这时间,非但没有"杀"我,而且和你们说,那会儿我的身材,就是一个圆不隆咚的大皮球。肚子里可都是——都是营养呢! 是啊,为啥我现在的身材这么健美呢? 别急,听我往下说!

好景不长,那天晚上,简直太可怕了! 我正在做梦,梦到农夫邀请我去家里做客,我正流着口水,眼巴巴盼着饭菜上桌,忽然就被一阵"嗤——嗤——嗤"的磨刀声惊醒了。当时我迷迷糊糊,这三更半夜的,怎么还有人在说话? 可这一听不要紧,顿时,我的魂儿就要吓飞了!

你们猜说话的是谁? 就是农夫和他老婆,他们说啥? 我给你们学学:"咱家的小猪养得可真好啊! 这肥美的猪肉一定能卖个好价钱!""是呀,是呀,我们不仅可以发笔小财,那些猪内脏也足以让咱们过年美美地吃上几顿啦!"天哪,杀猪? 连我的心肝肺也不放过? 他们,他们怎么能这么狠心呐?

哎! 原来幸福的生活也是要付出代价的。我终于知道了他们的阴谋,就是用时间一天一天养肥我,然后——咔嚓! 太可怕了,都说笨得像猪一样,可为何唯独我聪明呢? 我顿时明白"时间是把杀猪刀"的道理了! 我怎么能坐以待毙,等着成为别人的盘中餐呢! 不,我决不!

后来? 后来——我不就站在这里了嘛! 聪明绝顶的我,在那个月黑风高的夜晚,逃进了深山老林。不过为了活命,我不得不告别养尊处优的生活,学会了爬山坡、寻野果,没吃的,就忍饥挨饿。更可怕的是为了躲避猛兽的袭击,我学会了拼命奔跑。

瘦了,苗条了? 一点没错,那个圆滚滚的小猪已经被时间杀了。如今的我,自食其力,生活虽苦,却苦中有乐,我终于体会到了幸福的滋味儿。今天,我要大声地向全世界宣告:幸福的生活要用自己的勤劳来创造!

✦ 训练要求

初看这是一篇童话自述,似乎并不会很难,但仔细揣摩主人公的各种心理活动,会发现这是一只内心活动极其丰富的小猪。所以切不可轻视。角色语言的模仿,涉及小猪的自以为是、长大后的幡然醒悟、农夫的沾沾自喜、农夫老婆的贪婪,其中的各种语言变化,都需要讲述者具备较强的语言驾驭能力。训练时,教师要引导学生自己来为小猪创设语境、情境、心境,以便更准确、更生动地完成表演。

三、拓展活动

创设出一定的情境,用语言"话"出情景来讲故事,可以借助适宜的道具,也可以两两结伴,分角色扮演,看哪一组可以从始至终吸引观众们的注意力。加油吧!

四、经典吟诵

父子性刚

有父子俱性刚,不肯让人。一日,父留客饮,遣子入城市肉。子取肉回,将出城门,值一人对面而来,各不相让,遂挺立良久。父寻至见之,谓子曰:"汝姑持肉回陪客饭。待我与其对立在此!"

(选自《广笑府》)

译文

有一对父子性格都很刚烈,一点儿都不肯谦让于人。一天,父亲留客人饮酒,派儿子入城买肉。儿子提着肉回家,将要出城门,恰巧一个人面对面走来,两人谁都不肯相让,挺着身子面对面站在那里,僵持了很久。父亲见儿子这么长时间还没有回来就去寻找,看到这种情形,就对儿子说:"你姑且带着肉回去陪客人饮酒,等我跟他在这里站着!"

第十一课　渴望春天的小树苗

一、基础训练

1."话"画(话语气——陈述、疑问)

从前,在茂密的大森林里,住着一位美丽的小姑娘,她长着一双像宝石一样明亮的大眼睛,心灵就像金子一样闪亮。(叙述,陈述事实)

为了看日出,我常常早起。那时天还没有大亮,周围很静,只听见船里机器的声音。(说明、交代)

太爷一见,满脸渐朱,喝道:"阿Q,你这浑小子!你说我是你的本家吗?"(疑问)

你难道就是这样帮我照顾牡丹花的吗?(反问)

训练提示

语气,是语言表达的重要技巧之一,是在一定的思想感情支配下具体语句的声音形式。类似的例子不胜枚举,因此就不再赘述。诵读说明、交代类文字时一般采用陈述语气,当要表达心中存在的疑问时应采用疑问语气。

2.动动嘴巴,越绕越精彩

(1)送气音和不送气音的分辨。

送气音:p、t、k、q、ch、c。

不送气音:b、d、g、j、zh、z。

> **训练提示**

送气、不送气是相对而言的。气息冲击声带产生声音,气流微弱且短、自然流出而发出的是不送气音;需较用力喷出一口气的是送气音。

(2)绕口令练习。

婆婆簸谷子,簸去谷秕子。伯伯簸谷子,簸去秕谷子。婆婆和伯伯,簸谷做种子。

史老师,讲时事,常学时事长知识。时事学习看报纸,报纸登的是事实。常看报纸要多思,心里装着天下事。

一株松树上有一只松鼠,一株棕树上有一只棕兔。棕兔想跳上松树捉松鼠,松鼠想跳上棕树避棕兔。

氢气球,气球轻。轻轻气球轻擎起,擎起气球心欢喜。

炮兵攻打八面坡,炮兵排排炮弹齐发射。步兵逼近八面坡,歼敌八千八百八十多。

> **训练提示**

发送气音时要注意把握好分寸,要避免因气流过强而产生噪音,使声音不干净。

3.多话话,话不同

送气音:呼出的气流比较强。

不送气音:呼出的气流比较弱。

(做实验:拿一张薄纸对着嘴巴,呼出的气流能让纸张动的就是送气音,呼出的气流不能让纸张动的就是不送气音)

绕口令练习:

(1)p—b。

营房里出来两个排,

直奔正北菜园来,

一排浇菠菜,二排砍白菜。

剩下八百八十八棵大白菜没有掰。

一排浇完了菠菜,

又把八百八十八棵大白菜掰下来;

二排砍完白菜,

把一排掰下来的八百八十八棵大白菜背回来。

（2）d—t。

谭家谭老汉,挑担到蛋摊,买了半担蛋,

挑担到炭摊,买了半担炭,满担是蛋炭。

老汉忙回赶,回家炒蛋饭。

进门跨门槛,脚下绊一绊,

跌了谭老汉,破了半担蛋,

翻了半担炭,脏了木门槛。

老汉看一看,急得满头汗,

连说怎么办,蛋炭完了蛋,

老汉怎吃蛋炒饭。

（3）g—k。

哥挎瓜筐过宽沟,赶快过沟看怪狗,光看怪狗瓜筐扣,瓜滚筐空哥怪狗。

（4）j—q。

稀奇稀奇真稀奇,蟋蟀踩死老母鸡,气球碰坏大机器,蚯蚓身长一丈七。

（5）zh—ch。

朱家一株竹,竹笋初长出。朱叔处处锄,锄出笋来煮。锄完不再出,朱叔没笋煮,竹株又干枯。

（6）z—c。

四十四个字和词,

组成了一首子词丝的绕口词。

桃子李子梨子栗子橘子柿子槟子榛子,

栽满院子村子和寨子。

刀子斧子锯子凿子锤子刨子尺子做出桌子椅子和箱子。

名词动词数词量词代词副词助词连词造成语词诗词和唱词。

蚕丝生丝热丝缫丝染丝晒丝纺丝织丝自制粗细丝人造丝。

二、作品表演训练

渴望春天的小树苗

宋护彬

还记得是在茫茫的草地上,我那无比消瘦的躯干终于破土而出,两瓣嫩芽绿得柔软,绿得鲜亮,那时的我,还是一株小树苗。

扫码跟我练

还记得阳光真暖,我勇敢地脱下包在叶角上的硬壳;微风也好柔,我快乐地牵着它的手摇摆;鸟儿总是唱着那首传说中的《春天奏鸣曲》么,一定是,要不,怎么会如此美妙?我听着,只想跳舞,只想快快长大。终于,我超过了月季,赶上了矮松。我可以眺望更远的世界了。你说什么?我的手臂为何受伤?别急别急,听我慢慢道来。

我一直有着很远大的理想,我想长成参天大树,我想成为祖国栋梁,我还想……可是美好就在一瞬间忽然消失了,没有了……

就是那一天,草地上,来了一群孩子。他们跑啊,跳啊,开心得不得了,还记得有个小姑娘歌唱得真好听。我静静地欣赏着,甚至想拔出埋在地下的双脚,和她一起唱。就在我陶醉之时,一个男孩,嗯?和你一样帅气、调皮!笑着向我跑了过来,当时我心花怒放,使劲地张开手臂迎接着他。

两米,一米,终于,他来到了我的身旁。你们知道他做了什么?邀我跳舞?给我唱歌?哎,我多想是这样啊!他,他竟然一把抓住我的枝干,拼命地摇啊,晃啊,晃啊,摇啊。我浑身刺痛,我眼冒金星,终于"咔嚓"一声——我骨折了……体内的水分在一点点流失,阳光刺痛着我裂开的皮肉。我想我就要和这个美好的世界说再见了吧?

嘘!嘘!我当然没死!孩子们,别担心,我的手臂也会康复!

不知道过了多久,当我再睁开眼睛的时候,一双手正在帮我复位疗伤。那是一双青筋暴起的手,一双衰老的手,一双给了我第二次生命的手,一双让我感激不尽的手。

同学们,今天站在你们面前的我,正在阳光雨露和园丁的呵护中继续成长。我依然满足,依然开心、乐观,因为我说的只是个别现象。让我们一起努力,共同描绘更加和谐的春天。

训练要求

一棵生机勃勃的小树苗对世界充满着美好的向往,即便受到很大的伤害,仍然能怀着一颗乐观和感恩的心,真是了不起!从故事中那个调皮的孩子身上,我们是不是看到了自己的影子?让我们一起努力,成为一个爱护自然、尊重生命的孩子吧!在自述表演训练过程中,要把握勃勃向上和奄奄一息的对比、满怀期待和痛彻心扉的对比,更要把握好小树苗乐观向上、常怀感恩的内心世界。这篇自述是树苗的"回忆录",因此诉说中很多部分需要娓娓道来,其中有美好、有伤痛、有温暖也有乐观,讲述时,要根据回忆的情绪及时、准确地调整语言的节奏、力度、色彩,要注意情境的设定。同时莫忘在讲述时有很多观众在聚精会神地听,因此要有"目标"。

三、拓展活动

相信很多同学在成长的过程中,都曾因为好奇而做过伤害花草的事吧。请你们结合自已的经历,写一篇植物的自述,并试着自行设计舞台表演吧!

提示:多多运用语言对话会增加自述的趣味性,不同的音调可以塑造不同的人物。故事情节要有铺垫和转折,这样更容易吸引观众去聆听。

四、经典吟诵

精 卫 填 海

又北二百里,曰发(fā)鸠(jiū)之山,其上多柘(zhè)木。有鸟焉,其状如乌,文首,白喙(huì),赤足,名曰"精卫",其鸣自詨(xiào)。是炎帝之少女,名曰女娃。女娃游于东海,溺而不返,故为精卫,常衔西山之木石,以堙(yīn)于东海。

(选自《山海经》)

译文

再向北走二百里,有座山叫发鸠山,山上长了很多柘树。树林里有一种鸟,它的形状像乌鸦,头部有花纹,白色的嘴,红色的脚,名叫精卫。它的叫声像在呼唤自己的名字。传说这种鸟是炎帝小女儿的化身,她的名字叫女娃。有一次,女娃去东海游玩,溺水身亡,再也没有回来,她死后变成了精卫鸟。精卫经常衔西山上的树枝和石块,投到大海里,想要把东海填平。

第十二课　赤　条　蜂

一、基础训练

1."话"画(话语气——感叹、祈使)(|停;/顿)

"哼!这算什么,我不仅钓到过鲫鱼/还有红鲤鱼,告诉你们,有一次,我竟然钓到了一条|大乌鱼!"(感叹)

小河两岸/都是极具特色的江南民居,白墙黑檐;不时见到/身着传统服饰的妇女/在岸边搓洗衣服——好一幅/古朴而清秀的风景画,真令人陶醉!(感叹)

打开你们的窗子吧,打开你们的板门吧,让我进去,让我进去,进到/你们的小屋里。(祈使)

在公共场所/保持安静,做一个/有涵养的人!(祈使)

训练提示

语气的感情色彩,是指语气透露出来的"喜、怒、哀、乐、欲、恶、惧"等人类情感的丰富繁杂的种种不同色彩,要求诵读时运用不同的语气来表达。所以,体会文字的情感内涵,是选择恰当诵读语气的基础。

2. 动动嘴巴,越绕越精彩

(1)平舌音和翘舌音的分辨。

平舌音发音时舌面中部下凹度较浅,翘舌音的舌面下凹度较深。

z、zh 组织 最终 正在 制造 总重 种族

c、ch 财产 陈词 炒菜 操场 差错 吃醋

s、sh 松鼠 私事 损失 送审 神速 虽说

训练提示

平舌音和翘舌音声母的发音部位一前一后,平舌音为舌尖前音,翘舌音为舌尖后音。训练时一定要注意舌尖的位置和状态,仔细体会其不同的发音特点和规律,加以分辨。

(2)绕口令练习。

报纸是报纸,抱子是抱子,报纸抱子两件事,抱子不是报纸。看报纸不是看抱子,只能抱子看报纸。

镇江路,镇江醋,镇江名醋出此处。此处卖错镇江醋,老崔买醋不疏忽。匆匆促促买错醋,买了次醋味不足。

狮子山上狮山寺,山寺门前四狮子。山寺是禅寺,狮子是石狮。狮子看守狮山寺,禅寺保护石狮子。

训练建议

在平翘舌发音的问题上,需动态控制字头(吐字)、字腹(立字)、字尾(归音)。

字头:咬住,弹出,部位准确,气息饱满,结实有力,暂停敏捷,干净利落。

字腹:拉开,立起,气息均匀,音长适当,圆润丰满,窄韵宽发,宽韵窄发,前音后发,后音前发,圆音扁发,扁音圆发。

字尾:尾音较短,完整自如,避免生硬,归音到位,送气到家,干净利落,趋向鲜明。

3. 多话话,话不同

对比辨音:

找到 zhǎodào—早到 zǎodào

打闪 dǎshǎn—打伞 dǎsǎn

高山 gāoshān—高三 gāosān

木柴 mùchái—木材 mùcái

诗人 shīrén—私人 sīrén

上树 shàngshù—上诉 shàngsù

收集 shōují—搜集 sōují

推迟 tuīchí—推辞 tuīcí

乱吵 luànchǎo—乱草 luàncǎo

嘱咐 zhǔfù—祖父 zǔfù

知识 zhīshi—姿势 zīshì

支援 zhīyuán—资源 zīyuán

照旧 zhàojiù—造就 zàojiù

札记 zhájì—杂记 zájì

初步 chūbù—粗布 cūbù

春装 chūnzhuāng—村庄 cūnzhuāng

短站 duǎnzhàn—短暂 duǎnzàn—短剑 duǎnjiàn

主力 zhǔlì—阻力 zǔlì—举例 jǔlì

一成 yīchéng——一层 yìcéng——一擎 yìqíng

不少 bùshǎo——不扫 bùsǎo——不小 bùxiǎo

二、作品表演训练

赤 条 蜂

白宇　宋护彬

嗨，大家好，我的名字叫赤条蜂。我腰细如柳枝，肚皮白白滴，身上围着一条赤红色细丝带，啊呀呀，我都被自己帅到了呢！面对帅气的我，不要太迷恋哦！

不仅如此，我的家也很有特色。如果来我家做客，你肯定混淆了东西，因为我的家在地下深不见底，上面还被我盖上了一颗大沙粒。那个深、那个长、那个新、那个奇，真可谓巧夺天工、匠心独运！

说到食物啊，我可不是吹牛皮，那些破坏庄稼的灰毛虫我最中意，为了这顿美食，会追踪术的我往往一追到底，决不放弃！那么你们肯定会问，我又是怎么制服灰毛虫的呢？

哈哈，告诉你吧，我是针灸大师，会"葵花宝典"中的"点穴"秘技！只要我出手，就会扎

扫码跟我练

得灰毛虫求生不能，要死必须！厉害吧，告诉你其中的窍门哦，先要在灰毛虫的头部、第一节神经中枢处扎上一针，紧接着每一节的连接处再补上一针，来来回回、上上下下（1、2、3、4、5、6、7、8、9）共九针，再压压踹踹它的大脑袋，保证一切都完美！哎，别鼓掌，小意思，非要鼓掌——那就热烈点！

谢谢谢谢！不过，要说我的未来嘛，我想做农民名副其实的好帮手，破坏分子那是一个也不能留！这样嘛，农民的青菜可以种得好，我和我的儿女——也有口福了（liao）！"吸溜……（吞口水）"我还能开中医院，回家快把技术钻，不敢再和您聊天，咱们下回接着侃大山！

⊙ 训练要求

文如其人，从这段自述中，我们似乎看到了一个阳光开朗同时不乏幽默的少年的化身，也让这只赤条蜂有了人的思维、个性。细心的你一定看得出，文章的用心之处在于，这只赤条蜂的炫耀有着一定的节奏，句尾的押韵更为自述增添了无穷的趣味性。细细品味，竟有了些许曲艺的味道。由于这段自述风格与之前的作品迥然不同，因此教师首先要将重点放在语言节奏、韵味方面，其次建议适当加入评书、相声的表演风格，呈现出妙趣横生的意味来。

三、拓展活动

四季气候的变化，常常令人措手不及，引发诸多情绪变化……只要我们怀着一颗欣喜包容的心，就能感受到大自然赋予我们的别样惊喜！就请同学们自己回顾并记录一下四季气候变化时，那个曾经让自己深有感触的故事吧！

四、经典吟诵

听 蕉 记

（明）沈周

夫蕉者，叶大而虚，承雨有声。雨之疾徐、疏密，响应不忒。然蕉何尝有声，声假雨也。雨不集，则蕉亦默默静植；蕉不虚，雨亦不能使为之声。蕉雨固相能也。蕉，静也；雨，动也，动静戛摩而成声，声与耳又相能相入也。迨若匹匹潽潽，剥剥滂滂，索索浙浙，床床浪浪，如僧讽堂，如渔鸣榔，如珠倾，如马骧，得而象之，又属听者之妙矣。

长洲胡日之种蕉于庭，以伺雨，号"听蕉"，于是乎有所得于动静之机者欤？

✎ 译文

芭蕉，叶子大而空，承接雨点时会有声响，因雨点的快慢、疏密而发出不同的声响，不会有差误。但蕉叶怎么会有声音呢,它是借助雨点才发出声音的。雨点不落在蕉叶上,那么蕉也只是静静地立在那里;蕉叶不空,雨点也不能使它发出声响;蕉叶与雨点本来就是相互起作用的。蕉叶是静的,雨点是动的,动的雨点与静的蕉叶相碰撞而发出声响。声响又是能够进入耳朵的。等到耳朵接收了雨打芭蕉之声,人们就用"匝匝涫涫""剥剥滂滂""索索渐渐""床床浪浪"来模拟这种声响,觉得它像僧人在佛堂诵经,像捕鱼人驱鱼的木棒在敲响,如珍珠倾泻,如骏马奔腾,至于将听到的声音想象成什么,那就又属于听者的佳妙了。

长洲人胡日之将蕉种在庭院里等着下雨,以"听蕉"为别号,这样看来他对动与静的机理应当有所领悟吧?

第十三课 鱼儿鱼儿快回家

一、基础训练

1. "话"画——话语速(快慢)

雪花像鹅毛一样落在山上、田野上、房子上、大树上,盖上一层又盖上一层,四周全是白茫茫的了。(景色由远及近,语速由慢到快)

他的第一个笑容,他的第一声叫唤,他的第一步,他的第一句话,他的第一次数数,他的第一个舞蹈……每次都能给你带来巨大的信心和骄傲。(情绪由感动逐渐变得激动,语速逐渐变快,几个连续排比句后,语速再次趋于平稳)

> ⚠ **训练提示**

语速快慢应该由需表达的内容来决定,语速会直接影响表达效果。当我们诵读结构整齐的排比句时,适当地运用语速的变化,可以使文字内涵更加明晰,表达效果更好。

2. 动动嘴巴,越绕越精彩

(1)舌面音和翘舌音的分辨。

zh、j 镇江 直接 家长 紧张 截止 直径 着急

ch、q 出去 汽车 长期 清楚 全称 全程 去处

sh、x 数学 实现 销售 享受 形式 顺序

> ⚠ **训练提示**

舌面音和翘舌音的发音方法有相同之处,都是塞擦音,不送气,但发音部位不同。发舌面音时,舌面前部或抵住或接近硬腭前部;而发翘舌音时,舌尖翘起后,需顶住或靠近齿龈后部。

(2)绕口令练习。

山上住着三老子,山下住着三小子,山腰住着三哥三嫂子。山下三小子,找山腰三哥三嫂子,借三斗三升酸枣子,山腰三哥三嫂子,借给山下三小子三斗三升酸枣子。山下三小子,又找山上三老子,借三斗三升酸枣子,山上三老子,还没有三斗三升酸枣子,只好到山腰找三哥三嫂子,给山下三小子借了三斗三升酸枣子。过年山下三小子打下酸枣子,还了山腰三哥三嫂子,两个三斗三升酸枣子。

季姬寂,集鸡,鸡即棘鸡。棘鸡饥叽,季姬及箕稷济鸡。鸡既济,跻姬笈,季姬忌,急咭鸡,鸡急,继圾几,季姬急,即籍箕击鸡,箕疾击几伎,伎即齑,鸡叽集几基,季姬急极屐击鸡,鸡既殛,季姬激,即记《季姬击鸡记》。

训练建议

绕口令通常都是将一些发音相同、相近、易混淆的词语集中起来,很容易读错。所以在练习的过程中,我们要精神饱满,注意力集中,切不可松懈怠慢,否则收效甚微。

3.多话话,话不同

畜:畜(xù)牧场里牲畜(chù)多。

校:上校(xiào)到校(jiào)场找人校(jiào)对材料。

强:小强(qiáng)很倔强(jiàng),做事别勉强(qiǎng)他。

匙:汤匙(chí)、钥匙(shi)都放在桌上。

率:他办事不草率(shuài),效率(lǜ)一向很高。

长:我是在长(cháng)江边长(zhǎng)大的。

场:我们在操场(chǎng)上遭遇了一场(cháng)大雨。

颈:颈(jǐng)部指头和躯干相连接的部分,也称为脖子,口语称脖颈(gěng)儿。

二、作品表演训练

鱼儿鱼儿快回家

沈佳琪　宋护彬

那个夏天,我终于好奇地从妈妈肚里冲了出来。哇,眼前的世界是湛蓝色的,色彩斑斓的鱼儿让我眼花缭乱,那曾是一个无比快乐、充满爱的美丽家园。

扫码跟我练

小花鱼、小丑鱼、小海龟、小海星,太多太多了,他们都是我最好的玩伴。我们一起觅食,一起开派对,一起在海草丛中躲猫猫,一起在开阔的海域游泳冲刺。多么有趣、多么美好!日子就在每一天的无忧无虑中悠闲地过着。慢慢地,我长大了,我学会了帮妈妈照看弟弟妹妹,教给他们觅食的本领,日子依旧是那样幸福、充实。

就在那一天！我永远忘不了！那一天,当我从梦中醒来,整个世界都变了,眼前的宁静令人窒息。"小花鱼、小丑鱼、海龟哥哥!"我大声地喊着小伙伴们的名字,却不见了他们的影子,到底发生了什么？他们去了哪里？看着弟弟妹妹还在酣睡,可妈妈,我的妈妈,为何也不见了踪迹？"妈妈,妈妈!"我哭着喊着,却没有一丝回应⋯⋯这只是一个噩梦,我不相信这是真的!"快让我从梦中醒来,我不要这样的梦境!!!"

妈妈从此消失了,小伙伴们也无影无踪了。我想,妈妈一定是怪我照顾弟弟妹妹还不够用心,为了惩罚我,我,懂了您的良苦用心;小花鱼、小丑鱼、海龟哥哥他们也是在和我玩着躲猫猫的游戏,只是藏得太深,一时迷失了方向⋯⋯

妈妈!我把弟弟妹妹照顾得很好,请你快快回来,弟弟妹妹非常想你;小花鱼、小丑鱼、海龟哥哥,躲猫猫游戏很好玩,可是现在我一点也不欢喜,以后我再也不玩了,我要,我要和你们在一起!!!

同学们,伙伴们,今天偶遇大家,你们可否告诉我,究竟他们去了哪里？如果见到我的伙伴、我的妈妈,请告诉他们,我在盼着他们——回家!

我要走了,再见了,我要走了⋯⋯也许,也许他们,已经回到了家里⋯⋯

训练要求

学生能关注环境保护这个话题,令人欣慰。修改文稿时,心中五味杂陈,不同种类的生命生活在同一个地球上,相互依存、影响,方可令自然生态得到平衡,才有健康的生存环境。这是一篇小鱼的回忆诉说,对于美好生活的回忆应娓娓道来。第三段情绪突变,紧张、恐惧、痛苦相互交织在一起,令人对小鱼的命运牵肠挂肚。第四段情绪虽趋于平稳,可字字句句中包含着刺痛,没有呐喊,却令我们泪水涟涟。改编后的文字增加了很多语速的变化和句尾的押韵,训练时,需要在挖掘真情实感的同时关注断句、语速、韵味。情绪虽然以伤心为基调,但伤心的层次要随诉说的发展及时变化、调整。

三、拓展活动

当外卖、快递方便我们的生活时,随之而来的却是被丢弃的大大小小、林林总总的包装盒⋯⋯请以"环保无小事,人人皆有责"为题,准备一篇演讲稿吧!

提示:力求亮点突出,有详有略。演讲,它的主要形式是"讲",即运用有声语言,追求声音的表现力和感染力;同时还要辅之以"演",即运用面部表情、手势动作、身体姿态乃至一切可以理解的肢体语言,使讲话"艺术化",从而产生一种特殊的艺术魅力。

四、经典吟诵

宋濂嗜学

余幼时即嗜学。家贫,无从致书以观,每假借于藏书之家,手自笔录,计日以还。天大寒,砚冰坚,手指不可屈伸,弗(fú)之怠(dài)。录毕,走送之,不敢稍逾(yú)约。以是人多以书假余。余因得遍观群书。

(选自《送东阳马生序》)

译文

我小时候就特别喜欢读书。家里贫穷,没有办法买书来读,常常向藏书的人家去借,借来就亲手抄写,计算着日子按时送还。天气很冷时,砚台里的墨水结成了坚硬的冰,手指也冻得不能弯曲和伸直,但不因此停止抄写。抄写完了,立即将书送还,不敢稍稍超过约定的期限。因为这样,很多人都愿意把书借给我,于是我也能够读到很多书。

第十四课　我是交通协管员

一、基础训练

1."话"画——话语速(急缓)

小公鸡拼命扑打着翅膀,大声喊着"救命啊,救命啊",可哗哗的流水声把他的声音淹没了,没有一个伙伴听到他的求救声。就这样,可怜的小公鸡被淹死了……

(命在旦夕,用尽最后一丝气力,可结果令人惋惜,因此在表现时,急缓的对比要非常明显)

镜子里是谁?他吓得失声叫喊。

是猪,是狼,是猩猩?不……

简直是地狱里的魔鬼逃到人间。

(被镜子中可怕的样子吓坏,甚至丑得比猪、狼还要令人作呕。训练中,一开始语速要舒缓,才能逐渐发力,至高点后突然收住、停顿后变缓,表现出此刻照镜子的人坏主意已经冒了出来)

训练提示

快慢与急缓,都是从语速方面来考量的。仔细品味,快慢与急缓还是有区别的,急缓的情感色彩似乎更加浓烈。文字之美,千变万化,需要我们不断地在实践中挖掘和品味,这样才能掌握最恰当的朗读、朗诵技巧。

2.动动嘴巴,越绕越精彩

贯口练习。

要提起您家的花园,真令人神往。那真是依山靠水,自然优美,雕梁画栋,鬼斧神工。园庭宽阔,内外精致,中间有透壁花窗,朱门绣户,分外优雅。门口有四棵槐树,有上马石下马石,拴马的桩子,对过儿是磨砖对缝八字影壁。路北广梁大门,上有电灯,下有懒凳,内有议事房、管事处、传达处。二门,四扇绿屏风洒金星,四个斗方写的是"斋庄中正",背面是"严肃整齐"。进二门,方砖墁地,海墁的院子,夏景天高搭天棚三丈六,四个堵头写的是"吉星高照"。院里有成对花盆、石榴树、茶叶末色养鱼缸、九尺高夹竹桃、迎春、探春、栀子、翠柏、梧桐树,各种鲜花,真有四时不谢之花,八节长春之草。正房五间为上,前出廊、后出厦,东西厢房、东西配房、东西耳房、东跨院是厨房,西跨院是茅房,倒座儿书房五间为待客厅。明支夜合的窗户,可扇儿的大玻璃,夏景天是虾米须的帘子,冬景天子口的风门儿。

! 训练提示

"贯口"的"贯",是一气呵成、一贯到底之意,是一种用麻利且有节奏的语言进行表演的艺术形式。练习贯口,不仅要求有较强的语言基础,还需要具备控制气息、把握节奏的能力。

二、作品表演训练

我是交通协管员

宋护彬

问我为啥这么高兴?哈哈,告诉你们,今天我的角色,可不再是学生,是什么?(清清嗓子,装模作样地,比画两个动作)我是一名——交通协管员。哼,笑什么?告诉你们,这可不是每个同学都能担当的。全班只要两个,而我,就是其中一个!

扫码跟我练

哎哟,这好事可它也困扰着我。这不,昨天晚上我就兴奋得怎么也睡不着,一会儿想如果遇到闯红灯的人,我该怎么去制止劝说呢?一会儿又想如果他们嫌我太小,不听我的话,又该怎么办呢?问题是一个接一个,想得我头都要炸了,几乎彻夜未眠。一大早,闹铃一响,我就"腾"地一个鲤鱼翻身,一分钟洗漱完毕,匆匆吃了早点,开始了我这一天的"辛勤体验"。(做几个指挥动作,还可以即兴说几句话)

（看看表）哎呦，这短短一小时，我发现已经有二十几位叔叔阿姨在等绿灯时超过了停车线，我就拿着这面小红旗，面带微笑对他们进行了劝说。结果，他们都心悦诚服地接受并及时改正了自己的错误，我这心里甭提多有成就感了！由于我的认真管理，你们看，现在路口的交通是不是顺畅多了！

（突然伸个懒腰，活动几下）没想到才一个小时，我现在的胳膊就已经酸得快举不起来了，浑身僵硬。想一想警察叔叔要一整天都站在这里，为了大家的安全一刻不停地指挥，太辛苦了！一个小时、一整天，这怎么能比呢？所以现在的我，由衷地想和同学们说，以后不管是上学还是放学，咱们都一定要遵守交通规则，别再给交警和交通协管员添麻烦了，千万不要闯红灯。遵守交通规则，要为自己的生命安全着想！

哎呀，不能再多说了。你们看，马路对面的小朋友们正用羡慕的眼光看着我呢，我得继续好好表现，再见！

训练要求

这个主人公想必非常贴近你们的生活，不知你们是不是也有这样的体验呢？这次的自述表演，依然是一个鲜活的人物，请根据你对主人公自述的理解，变身成为他，也模拟站在十字路口，为我们说说自己的心里话吧！表演根据以往的舞台经验，须自行设计。

三、拓展活动

相信你们身边也有不少电子产品吧，你知道手机的苦恼吗？你愿意帮它消除苦恼吗？想一想自己应该怎样对待身边的手机和 Pad 吧！请根据上面的作品示范，试着写一篇关于你身边的电子产品的自述吧！

提示：你准备介绍它的哪些特点呢？它给你的生活带来了怎样的改变？你们相处的过程中，有没有发生印象深刻的事情？力求表达清晰，详略得当，借助惟妙惟肖的表演，从始至终吸引观众，运用语言的魅力感染观众。

四、经典吟诵

塞 翁 失 马

近塞上之人有善术者，马无故亡而入胡。人皆吊之，其父曰："此何遽（jù）不为福乎？"居数月，其马将胡骏马而归。人皆贺之，其父曰："此何遽不能为祸乎？"家富良马，其子好骑，堕而折其髀（bì）。人皆吊之，其父曰："此何遽不为福乎？"居一年，胡人大入塞，丁壮者引弦而战。近塞之人，死者十九。此独以跛之故，父子相保。

（选自《淮南子·人间训》）

译文

靠近边境一带居住的人中有一个精通术数的人,他们家的马无缘无故跑到了胡人的住地。人们都前来慰问他。那个老人说:"这怎么就不能是一件好事呢?"过了几个月,那匹马带着胡人的良马回来了。人们都前来祝贺他们一家。那个老人说:"这怎么就不能是一件坏事呢?"他家中有很多好马,他的儿子喜欢骑马,结果从马上摔下来摔得大腿骨折。人们都前来安慰他们一家。那个老人说:"这怎么就不能是一件好事呢?"过了一年,胡人大举入侵边境一带,壮年男子都拿起弓箭去作战。靠近边境一带的人,绝大部分死了。唯独他儿子因腿瘸而免于征战,父子得以保全性命。

第十五课 风的四季

一、基础训练

1."话"画(停与顿)(丨停;/顿)

我丨是路边/一棵寂寞的小草,不知道怎样/来到了这个/陌生的地方。

(当"我"字出口,便做了较长的停歇,表达出自己的不同之处和复杂的心情;之后三次较短的一顿,表达了无助的、害怕的心理)

左手拇指和食指之间的毛线或者棉纱丨就会像魔术师帽子里的彩绸一样/无穷无尽地抽出来。

(朗读时,停顿有时候是生理上的需要,如果一个句子很长,即使没有标点符号,中途也要停顿换气。这里第一次停歇,便是为了生理换气,第二次做了短暂的停顿,将句子表达完整)

一到春天,漫山遍野,在大地上/显露出无限生机的,仍然是/一望无际的/青青翠竹。

(除了正常标点符号处的停顿外,还有连续的短暂一顿的处理,这样的处理,可满足听众心理上的需要,引起他们的联想、回味、思索,更好地增强朗诵的感染力。这样的停顿,不仅能让朗诵者的朗读更美,还能让观众时刻通过朗诵者的朗诵,达到眼前有画面、心中有情感,从而产生强烈共鸣)

"谁说的!这还不是小菜一碟/我家里多的是丨口罩!"

(得意扬扬地吹牛,短暂一顿,显示想进一步炫耀;之后较长时间的停歇,显示出吹牛者此时希望引起大家的猜测与期待)

因为/只有那里,我们不像牲口一样活,蝼蚁一样死……那里,永恒的丨中国!

（无比坚定、自豪的一顿后，强调只有那里，我们可以有尊严地活，而这个地方，就是中国共产党领导下的一个崭新的、永恒的中国）

> **训练提示**

停与顿在朗诵中可谓最常见的一种朗诵技巧，首先我们要准确理解并学会正常标点符号应有的停与顿，再尝试着去寻找句子中无标点而隐藏的停与顿，它有时是为了朗诵者的生理换气，有时是为了给予听众更多思考、遐想，有时是为了表达丰富或复杂的心情，当然，更多时候是为了更好地表情达意。

初学朗诵的学生经常会把停顿与拖音混为一谈，教师对于停顿的示范、教授，一定要多用方法，让学生多加练习，将拖音问题彻底解决，让学生尽快懂得用恰当的停顿来处理长句。学习初期，可将停与顿分开，让学生知道停顿的时间是有不同的，有长有短，亦能使其更准确地体会文章的内涵。

2.动动嘴巴，越绕越精彩

贯口练习。

往屋里一看，真是画露天机，别有洞天。迎面摆丈八条案，上有尊窑瓶、郎窑罐、宣窑的盖碗儿、古月轩的果盘儿，当中摆四尺多高广座钟。案前是硬木八仙桌，镶石心、配螺钿，一对花梨太师椅。桌子摆文房四宝：纸、笔、墨、砚，有宣纸、端砚、湖笔、徽墨、《通鉴》、天文、地理、欧柳颜赵名人字帖。墙上挂着许多名人字画：有唐伯虎的美人儿、米元章的山水儿、刘石庵的扇面儿、铁保的对子、郑板桥的竹子、松中堂的一笔"虎"字，闹龙金匾，镇宅宝剑：绿鲨鱼皮鞘，金什件，金吞口，上挂黄绒丝绦。有一丈二的穿衣镜、一丈二的架几案、五尺多高的八音盒儿，有珊瑚盆景儿、碧玺、酒陶、风磨铜的金钟、翡翠玉磬，有座钟、挂钟、带刻钟、子儿表、对儿表、寒暑表。

> **训练提示**

贯口表演练习过程中，一定要注意吐字清晰，语言流畅，情绪饱满。要在熟练文稿的基础上，快而不乱，找准"气口"，并把握好语气的轻重。

只有多锻炼舌头，它才会灵活吐字。舌头顶腭、立舌、刮舌、伸卷、转舌、弹舌，4个8拍可以做完这些动作，不够可以加。然后发"da"的四个音调，长音再发"长a"音，感受声挂前腭、腹部受力、开牙关、挺软腭，注意声音的共鸣和穿透力的平衡，发声位置要适中。在长a音中，可以想象自己是根柱子，声音围绕自己上下，从最低音到最高音环绕，这对音域的扩展有好处。然后数数，一口气，"一二三，三二一，一二三四五六七；七六五四五六七，七六五四三二一——"。

二、作品表演训练

风 的 四 季

胥如果 程颖

我是风,来无影,去无踪,虽然从未把真身现,但谁又不曾把我来"亲近"?

春天,漫山遍野扑面而来的,全是我的气息,人们纷纷走出家门把我迎。因为,是我,轻轻将花儿的芬芳弥漫于郊外山间;是我,让枝头的鸟儿轻唱《春天奏鸣曲》,歌声连连;是我,让孩童手中的纸鸢遨游于白云蓝天;还是我,让草长莺飞,柳絮飞扬,湖水起波澜。吹面不寒杨柳风,说的就是我。我温柔地拥抱着出门踏青的人们,我呵护着在田野间奔跑嬉闹的孩子们。

转眼间夏天到来,而我当仁不让成为人们趋之若鹜的偶像。火辣辣的太阳底下,你们绞尽脑汁,毫不放弃与我偶遇的机会:楼宇间、弄堂口、海边、湖边、荷塘……我像个顽皮的孩子一般在和你们捉迷藏,每当我一现身,便能赢得阵阵欢呼!我来学学你们有趣的口气吧:"这风可真凉快啊!多待一会儿吧!"你们惊喜于我送出的阵阵清凉!我也很乐意给你们带来福音。待到夕阳西下时,家家户户打开门窗,恭候我大驾光临。于是,我常常成为你们的座上宾!

可转眼间进入秋天,你们因我分帮立派,形成两大阵营:一派钟爱我的绵柔凉爽,还会带来阵阵桂花飘香;一派抱怨我无怜香惜玉之情,毫不客气就把落叶扫,说什么让你们错失了与那黄澄澄的银杏叶、五彩斑斓的梧桐叶留念合影的机缘!

哎!到了冬天,我更是人人避之不及的"大坏蛋"!小孩子们戴口罩,个个都把棉袄穿,有时我忍不住出来遛个弯,也不让我亲吻他们的小脸蛋儿!说我,说我声音粗鲁,劲头太足,让你们很不舒服!很多打算出门的人因为这个又退避三舍,不把大门出!这一切,让我始料未及,委屈装满腹!

你们对我忽冷忽热的态度,有时也会让我怒发冲冠忍不住,什么台风飓风龙卷风,真是做了不少坏事,想到这里心发怵。

这里要郑重和大家道个歉:真心对不住!今后我一定多做好事,给大家生活添幸福。

🌸 训练要求

本课自说自话,生活中我们最常看到、感受到的但不能表达自我心情的事物都"活"了,并且个个性格鲜明。它们一个个用生动的语言、丰富的情感讲述着它们的故事,而每个故事背后都给我们留下了无尽的思考。由于讲述者不同,因此每篇自述表演要求也不同,但彼

此之间也有相似之处,都需要以假当真,身临其境,化身讲述者,感受讲述者的"遭遇"。训练时,教师一定要向学生们强调,讲述时,要有目标(观众),设计表演时切不可忽视这一点。

三、拓展活动

在自然界里,注意观察的你,一定发现了不少的奇妙故事,采撷其中一个,也试着写一篇自述吧!

四、经典吟诵

习 惯 说

(清)刘蓉

蓉少时,读书养晦堂之西偏一室,俯而读,仰而思,思有弗得,辄起绕室以旋。室有洼,径尺,浸(qīn)淫日广。每履之,足苦踬(zhì)焉。既久而遂安之。

一日,父来室中,语之,顾而笑曰:"一室之不治,何以天下家国为?"命童子取土平之。后蓉复履,蹶(jué)然以惊,如土忽隆起者。俯视,地坦然,则既平矣。已而复然。又久而后安之。

噫!习之中(zhòng)人甚矣哉!足之履平地,而不与洼适也,及其久,则洼者若平,至使久而即乎其故,则反窒焉而不宁。故君子之学,贵乎慎始。

译文

清代文学家刘蓉年少时在养晦堂西侧一间屋子里读书。他低下头读书,遇到不懂的地方就仰头思索,想不出答案便在屋内踱来踱去。屋内有处坑洼,直径一尺,逐渐越来越大。每次经过,刘蓉都要被绊一下。起初,刘蓉感到很别扭,时间一长也就习惯了。

一天,父亲来到屋子里坐下,回头看看那处坑洼笑着说:"你连一间屋子都不能治理,凭什么能治理好国家呢?"随后叫仆童将坑洼填平。父亲走后,刘蓉读书思索问题时又在屋里踱起步来,走到原来坑洼处,感觉地面突然凸起一块,心里一惊,觉得这块地方似乎高起来了,低头看,地面却是平平整整。以后踏这块地,依旧还有这样的感觉。又过了好些日子,才慢慢习惯。

唉!习惯对人的影响,是非常厉害的啊!脚踏在平地上,便不能适应坑洼,时间久了,洼地就仿佛平了;以至于把长久以来的坑填平,恢复到原来的状态后,却认为是阻碍而不能适应。所以说君子做学问,最重要的就是开始时需谨慎。

第二章　话天话地"话"故事

　　世界级故事大师安妮特·西蒙斯的《故事思维》让我们重新认识故事的重要性。"道理只能赢得辩论，故事可以收服人心"，不管在生活中还是工作中，故事比道理更容易打动人。讲故事，实质上就是把我们看到的、听到的或自己想到的用口语绘声绘色地"话"出来。"话"故事的目的在于，运用一切方法，让真实的情绪自然地传递，让聆听者感同身受。会"话"故事，就具备了更好地表达自我的能力。因此，"话"故事的能力是影响他人的一项重要技能。因而，本章将着重于"话"故事能力的培养。对于学习语言表演的青少年而言，可借由"话"故事，塑造出个人形象，同时，发挥其在群体中的影响力。由于故事情节生动，语言活泼，容易被感知，故表演者能够轻而易举地赢得众人的认可。

第一课 垃圾桶和垃圾盖的故事

一、基础训练

1."话"画（‖停；／顿；⌒语意未断、连接；↗上扬语势；↘下行语势；→平行语势）

橘子码头

李德民

夕阳／⌒一样颜色的橘子↗⌒

（一开口就要将"夕阳"的美好与安静，通过音色、音量准确地表达出来，"夕阳"之后做极短的一顿，以表现语意的延续）

是一个／小小的⌒
避风的码头

（运用音色、节奏的变化，表达可爱玲珑、温暖如家的情感）

小船一样的橘瓣↘

一只紧挨着一只⌒

泊靠在里面

橘子的码头里⌒

已没有了多余的空间

（重音轻轻地读出，表达和睦、温馨）

还剩下一只小船

（快速偷气后，语流加快，一气呵成，表达突然欣喜地发现）

在夜空中飘着⌒

（语速逐渐放慢）

飘成了月牙儿

（更慢、更静、更美……"飘"字容易有较强的气流，此处需加以控制）

> ⓘ **训练提示**

从本章开始，基础训练将以一些具有画面感的小诗歌为题材，方便同学们学习用语言"话"画的本领，一起挖掘文字的美好。

诗歌的基调能否把握准确，对于能否成功朗诵诗歌尤为重要。这首诗歌巧妙地把橘子比作避风码头，我们在朗诵时，应以平静、美好而温暖为基调。

2. 动动嘴巴，越绕越精彩

（1）韵母发音练习（a）。

发 a 音时，打开后声腔，呈半打哈欠状态，舌头居中，舌面中部略微隆起，舌的前后都不隆起，嘴唇形状自然，软腭上升，关闭鼻腔通道，声带振动。

训练提示

发 a 音的时候，要微笑着说话，嘴角微微向上翘，鼻翼张开，声音就会更加清亮。除此之外，还要挺软腭（打哈欠时软腭的位置和感觉），要用细腻、真实的体验和心灵感受，发出美好圆润的声音，切忌太用力，要"放松自己"，相信自然的就是美丽的。

（2）绕口令练习。

瓦打马，马踏瓦，瓦打坏马，马踏坏瓦。

八只小白兔，住在八棱八角八座屋。八个小孩要逮八只小白兔，吓得小白兔，不敢再住八棱八角八座屋。

张大妈，夏大妈，你看咱们的好庄稼。高的是玉米，低的是芝麻，开黄花、紫花的是棉花，圆溜溜的是西瓜，谷穗长得像镰把，勾着想把地压塌。张大妈，夏大妈，边看边乐笑哈哈。

马大妈的儿子叫马大哈，马大哈的妈妈是马大妈。马大妈让马大哈买麻花，马大哈给马大妈买西瓜。马大妈让马大哈割芝麻，马大哈给马大妈摘棉花。马大妈告诉马大哈，以后不能再马大哈，马大哈不改马大哈，马大妈就不要马大哈。

白老八门前栽了八棵白果树，从北边飞来了八个白八哥儿不知在哪住。白老八拿了八个巴达棍儿要打八个白八哥儿，八个白八哥儿飞上了八棵白果树。不知道白老八拿这八个巴达棍儿打着了八个白八哥儿，还是打着了八棵白果树。

训练建议

在练习中，可利用单韵母口形不变这一特点，发音时先摆好口形，然后把气流送出来，并保持唇形和舌位自始至终都不变动。教师要仔细观察学生口形，使学生对口形的开、闭，舌头的高、低、前、后，唇形的圆展，都有一定的分寸，让学生不妨对着镜子练习，细心分辨，摆准舌位、唇形，并注意气息和口腔的配合。

3. 说说、练练、记记、演演

唐宋八大家：∨韩愈、柳宗元、欧阳修、苏洵、苏轼、苏辙、王安石、曾巩∨并称"韩柳"的是韩愈和柳宗元，⌒他们是唐朝"古文运动"的倡导者。∨"一门父子三词客"指的是苏洵（老苏）、苏轼（大苏），还有苏辙（小苏）。

训练提示

"∨"为换气符号;"⌒"指连续不换气。本章的"说说、练练、记记、演演"环节中每次都会为同学们编辑一些综合知识点,其中有练嘴皮子、练气息、练形象记忆、练表演,等等。当然,这些文字知识同学们既要说会、练好,更要记在心里,逐步丰富自己的知识。

二、作品表演训练

垃圾桶和垃圾盖的故事

宋护彬

扫码跟我练

在一条繁华的大街上,有一个又大又圆的垃圾桶。每天,垃圾都会把它的肚皮装得满满当当,慢慢地,它变得越来越骄傲。

一天晚上,垃圾桶和垃圾盖之间,发生了一场激烈的争辩。只见垃圾桶怒气冲天地大声吼道:"喂,我说上面的家伙,你为什么每天总把我的成果盖得严严实实呢?"垃圾盖慢条斯理地说:"我说老兄啊,你别生气,如果不是我盖在你的头顶上,那后果可是不堪设想啊!""哼,什么不堪设想,我看你分明就是嫉妒我,不想让人们看到我有多能干!"听了垃圾桶的话,垃圾盖无奈地摇摇头,沉默不语。

没过几天,垃圾桶和垃圾盖之间的螺丝松动了,垃圾盖掉了下来,被一位清洁阿姨捡走了。这下垃圾桶长出了一口气,得意忘形地大笑道:"哈哈,头上这个讨厌的家伙不见了,我的垃圾终于可以重见天日了,我一定可以成为这条街上最出名的垃圾桶!"它越想越得意,越想越开心。

可是奇怪的事情发生了,只见行人路过垃圾桶的时候,纷纷捂住鼻子、加快脚步,匆匆离开了。看着行人远去的背影,垃圾桶百思不得其解……就在这时,一位开着垃圾清运车的叔叔把车停了下来,看看这个垃圾桶,厌恶地说:"没有盖子的垃圾桶,真是臭气熏天啊,还是当垃圾处理掉吧!"

第二天早上,这条繁华的街道上,一个崭新的垃圾桶又出现了,取代了那只又脏又臭、又骄傲又自满的垃圾桶。

训练要求

本章已进入讲故事的训练,相信同学们对于角色语言的把握已经积累了一定的经验,对于舞台表演中的舞台方位也略知一二,这些都为讲故事奠定了一定的基础。

训练中,建议教师不要心急而马上进入故事的通篇讲述,教师可先为学生创设故事情境,引出角色,然后邀请两位学生进行有"情绪"的对话模拟。不必拘泥于文字是否缺漏,要启发学生身临其境,用自己的语言进行对话,通过这样的模拟对话,故事情节会越来越丰满,对话也会越来越有趣。一定要引导学生做到真正地"讲"故事,彻底改掉"背"故事的陋习。对于故事的表演,本课准备的故事中主要角色只有两个,教师在授课时,可先以垃圾桶和垃圾盖之间的对话作为导入,让学生从中逐渐掌握如何通过肢体变化、重心的转移来确定角色的舞台方位。值得注意的是,教师要时刻提醒学生,舞台就如同一把扇子,学生的表演要在扇面上进行。教师需要通过一个个的故事训练,让学生的舞台表演逐渐规范。

三、拓展活动

每个小故事背后都蕴含一个道理,在学习了《垃圾桶和垃圾盖的故事》后,请同学们讨论一下:你们认为垃圾桶的困惑在哪里? 如果你自己也有困惑的话,请结合平时的学习和生活,和大家分享一下,或许就会豁然开朗咯!

下面还有一个小故事,有兴趣的同学不妨讲一讲,没准儿你也能成为班级里的"故事大王"呢。

电线杆和小树

电线杆嘲笑小树说:"喂,小不点儿,抬起头来,看看我多么高大!"

小树点点头说:"是的,现在我同你相比是矮小的。你虽然高大,但不会再增高了;我虽然又矮又小,但我在使劲儿往上长,要不了多少年,我就会远远超过你。"

电线杆无话可说了。

四、经典吟诵

北人不识菱

北人生而不识菱者,仕于南方,席上啖菱,并壳入口。或曰:"啖菱须去壳。"其人自护所短,曰:"我非不知,并壳者,欲以去热也。"问者曰:"北土亦有此物否?"答曰:"前山后山,何地不有?"

夫菱生于水而曰土产,此坐强不知以为知也。

(选自《缘箩山人集》)

译文

有个从出生以来就没有见过菱角的北方人,在南方做官,在酒席上吃菱角,连壳一起放到嘴里吃。有人说:"吃菱角要去壳。"他想掩盖自己的错误,于是说:"我不是不知道,连壳一起吃,是为了清热呀!"问的人又问:"北方也有菱角吗?"他说:"前山、后山上,哪里没有呢?"

菱角明明是生长在水中的,那个北方人却说是在土里生长的,这是因为他硬把不知道的说成知道的。

第二课 小白变形记

一、基础训练

1. "话"画(｜停；／顿；⌒语意未断、连接；↗上扬语势；↘下行语势；→平行语势)

鸟声洗净了早晨(节选)

金波

黎明｜最早听到的／是鸟声

鸟声｜洗净了迷蒙的晨雾↗

露水／睁开了明亮的眼睛↘

(朗诵时注意"迷蒙"与"明亮"之间的色彩对比)

森林｜穿上了华丽的衣服→

(朗诵"森林"时,要通过语速略放缓咬住,区别于"鸟声"和"露水")

鸟声／洗净的早晨｜很鲜丽⌒

(顺势连接下一句)

鲜丽得好像带露的花

(迫不及待地表达)

鸟声洗净的早晨／是芬芳的⌒

芬芳得好像⌒香甜的瓜

(可做闻花的吸气表演,似乎真的闻到了甜蜜)

在鸟声里｜迎接一天的到来⌒

连歌声／都闪烁着⌒绚丽的⌒光彩

(语意不要断开,结束时语速放慢,让观众有意犹未尽之感)

⚠ **训练提示**

适合学生朗诵的诗歌,除了要具备语意明了、富有感染力的特点之外,还应具有较强的画面感。教师在辅导学生朗诵时,一定要从文字中反复推敲并塑造画面及形象,朗诵示范力求绘声绘色。要做到这一点,最简单易行的办法便是多观察生活,善于捕捉生活细节的表现形式。

2.动动嘴巴,越绕越精彩

(1)韵母发音练习(o)。

发 o 音时,口腔半闭,舌头后缩,舌尖下垂,舌面后部隆起,两唇收敛,上下唇间距离约一食指宽,上齿可见,下齿看不见,略呈圆形,软腭上升,声带振动。

训练提示

发 o 音要注意的是唇形,要防止开口过大,也不要收拢得太小,以免与 u 混淆。此外,发音过程中还要防止因口形、舌位变化而读成"ou"。

(2)绕口令练习。

老伯伯卖墨,老婆婆卖馍。老婆婆卖馍买墨,老伯伯卖墨买馍。墨换馍老伯伯有馍,馍换墨老婆婆有墨。

训练建议

指导学生慢练的一种行之有效的方法就是打节拍。放慢速度,眼睛来得及看,咬字器官来得及准备,学生就能按照词句的正确关系把情节说明白,并能兼顾正确的口腔控制和气息控制。这样,速度虽慢,但学生获得的是正确的吐字和归音关系,良好的唇舌运用和口腔共鸣效果。从练习法的角度检验,开始快,欲速则不达;开始慢,却是为今后快说打下基础,养成好的吐字和归音习惯。

3.说说、练练、记记、演演

豪放派词人是指∨苏轼、⌒辛弃疾,⌒并称"苏辛",⌒婉约派词人当李清照莫属;∨"李杜"大家最为熟悉,⌒当然是李白、⌒杜甫,⌒殊不知"小李杜"说的是⌒李商隐、杜牧。∨屈原是我国的伟大诗人,⌒他创造了"楚辞"这一新诗体,⌒开创了我国诗歌浪漫主义风格。∨孔子名丘字仲尼,⌒春秋时鲁国人,∨他是儒家学派的创始人,⌒被称为"孔圣人",⌒而孟子被称为"亚圣",⌒两人并称为"孔孟"。

训练提示

细心的同学会发现"⌒"符号越来越多,这也就意味着我们的换气点会越来越少,所以训练时,一定要在"∨"换气符号出现时及时换气,保证充足的气息。教师一定要让学生将每次"说说、练练、记记、演演"的内容背诵下来,这不仅可使学生专业能力得到有效提升,还能拓宽学生的知识面。

二、作品表演训练

小白变形记

宋护彬

扫码跟我练

今天故事中的主角,相信所有人都非常的熟悉,小白!没错,就是龟兔赛跑中的那个小白,您一定不陌生吧。自以为是的小白以为胜券在握,却最终输给了乌龟,从此名声扫地。那真的是夹起尾巴做"兔子"啊!

自从龟兔赛跑之后,小白也受到了小动物们的各种冷嘲热讽,这个说他骄傲,那个说他懒惰,还有的说应该让他和蜗牛去比一比也许能赢。想起这些话,小白不禁难过得哭了起来:"大家都瞧不起我,都不愿再和我做朋友!我该怎么办?难道我真的一无是处了吗?""不,你有很多优点,只是你还没有发现!"是谁呢?小白擦擦眼泪,这时水牛爷爷已经站在眼前,继续和蔼地说道:"小白啊,只要你能改掉骄傲的坏毛病,踏踏实实、认认真真去做每一件事情,你一定会找到自己的位置,一定会拥有很多好朋友。"听了水牛爷爷的话,小白似乎明白了什么,向水牛爷爷深深鞠了一躬,便飞奔回家了。

从此,小白变得勤快了。清晨,小动物们还都在熟睡,一道白色的闪电已在森林中穿行奔跑。他会悄悄地把胡萝卜送给灰兔爷爷;他会帮正在搬运粮草的蚂蚁大军出把力;他会把清凉的甘泉送给正在练习歌唱的黄莺阿姨……

一天天过去了,一次又一次的刻苦训练后,小白奔跑速度越来越快。在大家的提议下,一个阳光明媚的清晨,第二届龟兔赛跑就要拉开帷幕,顿时,森林里一片沸腾。正当大家还在议论纷纷时,"砰",随着一声清脆的发令枪声响起,比赛开始了。这次,小白不敢再大意,一出发就像离弦的弓箭冲向终点。跑着跑着,不知为何,他突然又一次停了下来,到底发生了什么呢?此刻还有什么比比赛更重要的呢?赶紧跑啊小白,停顿了片刻,小白又出发了,可是……他却偏离了比赛路线,他要去哪里?要去做什么?此刻大家都为他捏了一把汗!

花开两头,各表一枝。再说那乌龟,自知速度不及小白,发令枪响后更不敢怠慢,一路分秒必争,奋力前行,直累得大汗淋漓方跑到终点。大家看到乌龟的一刹那,爆发出一片欢呼声:"乌龟第一名!""乌龟又赢了,小白呢?看来他又是犯了老毛病了吧!"正在大家猜测纷纷时,小白终于出现了,耷拉着脑袋一言不发。就在这时,一只小猪从小白身后跑了过来,只见他气喘吁吁,竖起大拇指向小白深深鞠躬说道:"小白,是你救了我,那么大的火,你都不怕,你真勇敢!谢谢你!"接着他又向四周看了看,内疚地说:"是我让你输了比赛,对不起。可是,可是在我心里,你就是冠军!""哦!着火?救火!"顿时,森林里传出了雷鸣般的掌声,小动物们异口同声地说:"小白赢了,小白是冠军!小白赢了,小白是冠军!"

训练要求

龟兔赛跑的故事家喻户晓,今天我们则重新演绎:在把握故事的基调上,需要游刃有余,语言要做到时而幽默,时而诚恳,时而紧张、急促,时而温柔、缓和。要将委屈、可爱的小白与和蔼、友善的水牛爷爷通过语言做适度修饰,可以从音色、语速、语气变化上区分角色,然后根据角色来划分舞台方位。教师要提醒学生,角色一旦确定了,舞台方位就基本不能改变,只有这样,观众才能在短短几分钟里跟随讲述者理解并感受童话故事的内涵,不至于产生令人混淆的观感。

三、拓展活动

生活中往往会遇到那些看不清楚自己,还喜欢指手画脚、大声嚷嚷的人,你们不信吗?来听听下面的故事,并试着讲一讲吧。

拖把和地板

拖把下定决心,要帮地板把脸擦干净。他呀,使劲儿地拖呀拖呀,累得是满头大汗,地板的脸皮也被拖得火辣辣地疼。可是,不知为什么,等地板干了,上面还是脏得像个唱京戏的大花脸。

拖把十分生气地说:"喂,我说你这家伙,天生就不爱干净! 我卖力地整天拖来拖去,就是拖不干净你这张大花脸。"

地板莫名其妙地、呆呆地看着拖把,看着看着,突然大叫一声:"我说老兄啊,你究竟多久没洗澡了?"

拖把这才低下头来,看了看自己。这一看不要紧,拖把自己也忍不住叫出声来:"啊!"原来,他的身上到处都沾满了污泥和其他脏东西!

拖把羞愧地低下了头,躲到了墙角儿,再也不吭声了。

(改编自寓言故事)

四、经典吟诵

爱 莲 说

(宋)周敦颐

水陆草木之花,可爱者甚蕃(fán)。晋陶渊明独爱菊。自李唐来,世人甚爱牡丹。予(yú)独爱莲之出淤泥而不染,濯(zhuó)清涟而不妖,中通外直,不蔓(màn)不枝,香远益清,亭亭净植,可远观而不可亵玩焉。

予谓菊,花之隐逸者也;牡丹,花之富贵者也;莲,花之君子者也。噫! 菊之爱,陶后鲜(xiǎn)有闻。莲之爱,同予者何人? 牡丹之爱,宜乎众矣!

译文

水上、陆地上各种各样的花,值得喜爱的非常多。晋代的陶渊明只喜爱菊花。从李氏唐朝以来,世上的人十分喜爱牡丹。而我唯独喜爱莲花从淤泥中长出却不被污染,经过清水的洗涤却不显得妖艳。它的茎内空外直,不生蔓不长枝,香气远播更加清香,笔直洁净地立在水中。人们只能远远地观赏而不能玩弄它啊!

我认为菊花,是花中的隐士;牡丹,是花中的富贵者;莲花,是花中品德高尚的君子。唉! 对于菊花的喜爱,陶渊明以后就很少听到了。对于莲花的喜爱,像我一样的还有什么人呢? 对于牡丹的喜爱,当然就有很多人了!

第三课 粉笔家族的争吵

一、基础训练

1."话"画(｜停;／顿;⌒语意未断、连接;↗上扬语势;↘下行语势;→平行语势)

到 远 方 去

丁云

到远方去
像太阳／那样热情↗
从山脚一直到山顶
用脚步／感应向上的力量↘

到远方去
(语气比上句"到远方去"更加舒缓)
像鸟儿那样快乐↗
从一棵树↘到另一棵树↗
用心灵／倾听自然的声响

到远方去

（语气更加肯定）

像风儿│那样自由

从一个地方到│另一个地方

一路播撒／飞扬的笑声

训练提示

走进梦幻的大森林,一缕清新的风,迎面吹来,这就是朗诵这首诗歌应有的感受。诗歌虽短,但却美得令人窒息,再加之学生清脆、纯净的声音,一定是锦上添花。相信学生们运用积累的知识,用心体会,一定可以有感情、有画面地朗诵这首小诗歌。

2. 动动嘴巴,越绕越精彩

我是蝈蝈,我是蛐蛐。我是哥哥,我是弟弟。南山坡守着那块青草地,吃饱了肚皮就吹牛皮。蝈蝈对着蛐蛐笑眯眯,老弟啊,嘿嘿,听我说你可别着急,天下的动物大小我全管,我叫谁向东它不敢朝西;蛐蛐对着蝈蝈笑嘻嘻,老哥啊,嘿嘿,听我说你可别生气,天下的动物生杀我来定,无论它是恐龙还是鲸鱼,我给它们立规矩,它们尊我为皇帝。蝈蝈越吹越得意,蛐蛐越吹越入迷,没想到走来一只大公鸡,一口一个,一口一个,把小哥俩全都吃下去。

训练建议

这则文字如果以绕口令来训练,似乎并不十分绕口,难度不大;从句式看,它很整齐,很押韵,容易记忆;从表演形式看,它更像一则小故事,有故事情节,有角色对话,有教育意义。在训练中,可以从角色对话开始,体会骄傲的语言情绪,再进行单人表演。单人表演时,教师应引导学生合理设计两个人物之间对话时的语言及姿态变化,避免角色混淆,为以后讲好故事苦练基本功。

3. 说说、练练、记记、演演

杜甫是唐代伟大的现实主义诗人,∨其诗广泛、深刻地反映了社会现实,被称为"诗史",⌒杜甫也因此被尊为"诗圣";∨有著名的"三吏":《潼关吏》《石壕吏》《新安吏》,∨而"三别"是指《新婚别》《垂老别》《无家别》。

训练提示

训练中切忌求快不求质量,首先要从说话中寻找问题,解决问题之后才可逐渐加速,准确对应换气符号。整个练习中,要做到慢中有快、快中有慢,韵味十足。

二、作品表演训练

粉笔家族的争吵

宋护彬

扫码跟我练

丁零零,随着一声清脆的铃声,校园里沸腾了起来,同学们整理书包,排列队形,走出校门,向老师行礼道别……人越来越少了,校园逐渐安静下来。当最后一位老师放下教案,缓缓走出校门时,天已经黑了。此时的校园变得无比安静,安静中带着些许的神秘,只听得到教室里这只大大的钟表在嗒嗒嗒嗒急着赶路。

忽然,讲台那里传来了轻轻的啜泣声,循声望去,原来是讲台上的一支小小粉笔头,它小到用手指都无法捏起。听到哭声,另一支个子瘦高的粉笔打了一个哈欠,懒洋洋地伸长脖子看了看躺在讲台上的小不点,慢条斯理地说:"唉,我刚刚睡着,还做了一个美梦呢,就被你吵醒了!小不点,说说看,究竟是谁欺负你了?这么伤心。"听了高个子的话,小不点哭得更伤心了。见状,粉笔家族的伙伴们都从粉笔房子里跳了出来,你一言我一语安慰着,小不点一边看着同伴们一边哭诉起来:"我曾经和你们一样挺拔细长,老师第一次把我拿在手上,在黑板上书写着文字,同学们回答着问题,那时我的心怦怦跳动,激动无比,虽然我变瘦变小,换来的却是同学们的成绩。""那不是很好吗?这本来就是我们粉笔的使命,难道你后悔了吗?"高个子挠挠头不解地问道。小不点听了高个子的提问无奈地摇摇头:"当然不是,虽然我很痛,可我把知识传递给了同学们,我很快乐,就算是粉身碎骨,我也没有丝毫的遗憾!""那到底发生了什么?你,你快说啊!"大家七嘴八舌地争抢着问道。小不点无力地抬起头,用嘶哑的嗓音缓缓低诉:"今天下课后,我躺在讲台上聆听着同学们的欢声笑语,想着下一节课如何奉献自己的身体,可突然有人把我抓在手里,我还没有弄明白发生了什么,就又被随手抛了出去,重重地摔在了地上。正当我头昏眼花想要爬起时,另一位同学又将我狠狠踩在鞋底……"

此刻,教室里再也没有言语,嗒嗒的钟表声,令人窒息。突然,一声怒吼,打破了沉寂:"小不点,别怕,快回到我们共同的家里!"大个子猛地跳了出来,轻轻地将小不点捧在手心里。"小不点,小不点,快快回家!"大家张开了热情的手臂,小不点终于回到了粉笔自己的家族里……

同学们,听了这个故事,你的心情如何?是否有些思考和提议?粉笔是我们的朋友,我们是不是需要爱惜它们?

训练要求

故事第一段的校园场景,相信学生们再熟悉不过,讲述起来一定会得心应手。故事第二段,进入了对话。故事的主角,可以说天天陪伴着学生们,因此建议教师分角色重新模拟粉笔家族对话场景,对话内容完全可以根据学生的感触进行改编,相信学生可以带来更多惊喜。接着根据人物的情绪、形象来塑造角色声音与节奏,最后根据人物角色大小、舞台规范要求来确定人物站立在舞台上的方位。相信用你们有色彩的语言,一定能给大家带来有思想深度的故事。

三、拓展活动

故事结束了,可同学们的思考还在延续,你们是不是也有过类似的行为? 是不是也曾把粉笔踩在脚底? 这里有一段小小主持词,在练习之后,请同学们来一次大变身游戏吧! 假设你现在变成了一根粉笔,把你的喜怒哀乐分享给大家吧!

小 小 主 持

亲爱的观众朋友们,大家晚上好! 欢迎来到《童话乐园》节目,我是主持人×××。今天的主人公,她身材苗条,她白白净净,她是老师的好帮手,她也是我们的好朋友。同学们,你们猜出来了吗? 没错,她就是粉笔。神奇的粉笔在老师的手里,一会儿变成大大的汉字,一会儿变成有趣的字母,教给我们知识,也伴随我们天天长大。既然粉笔是我们的好朋友,可为什么却有人伤害她呢? 究竟发生了什么? 别急,走进今天的《童话乐园》,让我们来听一听粉笔的诉说吧!

四、经典吟诵

学 弈

弈秋,通国之善弈者也。使弈秋诲二人弈,其一人专心致志,惟弈秋之为听。一人虽听之,一心以为有鸿鹄将至,思援弓缴(zhuó)而射之,虽与之俱学,弗若之矣。为是其智弗(fú)若与? 曰:非然也。

(选自《孟子·告子》)

译文

弈秋是全国最擅长下围棋的人。让弈秋教导两个人下棋,其中一人专心致志地学习,只听弈秋的教导;另一人虽然也在听弈秋的教导,却一心以为有大雁要飞来,想要拉弓箭将它射下来。虽然他们二人一起学习下棋,但后者的棋艺不如前者好。难道是因为他的智力不如前一个人吗? 不是这样的。

第四课 "聪明"的狐狸

一、基础训练

1."话"画(│停;／顿;⌒语意未断、连接;↗上扬语势;↘下行语势)

花 衣 裳

王立春

瓢虫们│在墙上一片↗一片,↘
展开带点的／大花衣裳。

(朗诵到"一片一片"时,中间语意连接不断,营造眼前到处都是瓢虫的场景,而说到"大花衣裳"时要俏皮,给予观众美好的想象)

有的瓢虫↗不识数,↘
数错了花衣裳的圆点,⌒
穿错了衣裳,⌒
把自己│穿成了害虫。
整个夏天／过得⌒
浑身／不自在,
一会儿│倒下去想死,↗
一会儿／站起来想活。↘

(整个段落,每句之间语意联系紧密,朗诵时,为了降低朗诵难度,可先将整段分成三个层次,让语意层层递进,观众也会更加期待"穿错衣服"的结果)

看瓢虫折腾,↘
蜈蚣连鞋子都不穿,↗
光着脚丫跑出来。↘
看瓢虫折腾,↘
蚂蚱／抖着两条长腿,↗
在远处咕嘎咕嘎笑。↘

最起码│得识数吧!

看看人家／七星瓢虫，↗

花衣裳刚穿上↘

（用语言"话"出这段的"急急忙忙、热热闹闹以及风趣幽默"吧）

就被鲜花和掌声⌒包围了。

（朗诵最后一句时，先深深换气，语速突然放缓，表达一种美慕，用声音描述一幅美轮美奂的画面，让观众久久不愿从"话"中走出）

训练提示

丰富的联想、恰当的比喻，瞬间让这些昆虫"活"了起来，有了人的思想情感，整个朗诵基调跳跃、动感十足。幽默风趣的语言，不仅使朗诵者仿佛走进了童话世界，也将观众带入了这个从未关注却又如此神奇的世界。

2. 动动嘴巴，越绕越精彩

我家有只肥净白净八斤鸡，飞到张家后院儿里。张家后院儿有条肥净白净八斤狗，咬了我家的肥净白净八斤鸡。我要张家卖了他家的肥净白净八斤狗，来赔我家的肥净白净八斤鸡。张家不卖他家的肥净白净八斤狗，不赔我家的肥净白净八斤鸡。

训练建议

这则绕口令看似难，其实只是一只"纸老虎"，主要是由唇齿音和双唇音构成。在做到发音准确之后，只要记住关键词"肥净白净"即可攻克核心问题。用心体会，我们不难发现，它其实就是一个简单的小故事而已。默默在心中回忆一遍，相信学生在几分钟之内就可以做到非常熟练地背诵。在此基础上，教师应以这则绕口令为素材，引导学生在练习过程中尽量气息平稳，找到适合的换气点，并快速学会换气，而不是追求一口气说完。教师应讲解气息在语言表演中的重要作用，并检查学生的呼气和吸气是否正确。

3. 说说、练练、记记、演演

我国第一部纪传体通史是《史记》（又称《太史公书》），∨作者是汉朝的司马迁，⌒鲁迅称《史记》为"史家之绝唱，⌒无韵之《离骚》"，∨有十二本纪、三十世家、七十列传、十表、八书，共130篇。

训练提示

训练中，很多学生只追求背诵，因此在表现的时候，所呈现的状态就是背诵，这是万万不可取的，教师要按慢练、大声说、说给别人听、说清楚，到能让人听明白的顺序，让学生逐层达到这些要求。切不可急于求成、不顾诵读质量。

二、作品表演训练

"聪明"的狐狸

宋护彬

扫码跟我练

在郁郁葱葱的森林里，住着一只爱耍小聪明的狐狸，它隔壁的邻居是一只勤劳、勇敢、富有智慧的小公鸡。说到这只小公鸡，小伙伴们都十分欢喜。它相貌俊俏，有火红的羽毛，还有一条金色发亮的长尾巴，远远看去，就像一簇神气的火把。每天天还没有亮，它总是"喔喔喔"地打起鸣，叫醒所有的小动物，开始新一天的辛勤工作。可唯有那只狐狸，每当听到小公鸡打鸣，它就堵着耳朵，气得牙根发痒。在它眼里，就是有了小公鸡的存在，才没人理会它，甚至有人厌恶它，说它懒惰，说它不劳而获。狐狸发誓有一天一定要吃掉这只打扰它睡懒觉的小公鸡。

勤劳的小公鸡，继续唱着那首"喔喔啼"，像一团移动的火焰在森林里跑来穿去，快乐地工作着。懒惰的狐狸几次想下手，可小公鸡实在跑得太快了，狐狸无论如何也逮不住它。

终于有一天，机会来了。小公鸡唱了一遍又一遍的"喔喔啼"，太阳出来了，森林里热闹起来了。这时小公鸡有些口渴，来到河边喝水，狐狸偷偷摸摸跟在后面，突然"呼"的一声猛地从后面扑了上去，把小公鸡扑倒在地，接着恶狠狠地说道："哈哈，终于落在我的手心里了。你这只该死的小公鸡，每天唱着那首烦人的'喔喔啼'，让我天天失眠做噩梦。今天，我就要吃了你！"小公鸡一看是狐狸，虽然有些害怕，但并不慌张，它挣扎了一下，抖了抖自己火红的羽毛镇定地说："狐狸大哥，您这是要吃了我吗？""你说呢！看看你这身结实的鸡肉，每天在我眼前跑来跑去，我早就馋得口水直流了！""那临死前我可以有一个请求吗？""请求？什么请求？该不会是再唱那首烦人的'喔喔啼'吧！""不是不是，我是想在临死前和您来比试一下。森林里的伙伴们总是说我的羽毛比您的更红、更美，可我并不这样认为。我觉得您这身火红的大皮袄穿在您的身上，显得是那样地雍容、华丽、漂亮，我又怎么能和您比呢？""哈哈哈哈！"狐狸听了开怀大笑，"这句话说得一点没错，你一只小小公鸡，怎么能和我相比呢？简直是自不量力！""是啊，可是大黄狗非得说我更漂亮，你说它是不是有眼无珠啊！""太可恶了，太可恶了！"狐狸听了气得浑身发抖，它已经忘记了要吃小公鸡的事情，一边说着一边放开了小公鸡，急躁地来回踱着脚步，"你快去把这条愚蠢的大黄狗给我喊来，我要让它看看什么才叫美！"说时迟，那时快，小公鸡像跳动的火焰，"嗖"的一声跳上了枝头求救。听到了小公鸡的喊声，大黄狗出现了，狐狸还没来得及说话，大黄狗就猛扑了上去，一口咬断了狐狸的脖子。

自以为是的狐狸最终聪明反被聪明误，丢掉了性命。

训练要求

初学者选择表演故事时,应尽量选择角色人物少的故事,最好以两个角色为主,通过两个角色的对话表演,逐渐加深对角色语言的处理、讲述与对话之间的互换、舞台方位的塑造的理解。初学者应具备驾驭整体故事的能力,对故事的熟练度增强后再加大故事难度,同时尽量规避陈述语句过多的故事,以免故事平淡无奇造成故事表演乏善可陈。

三、拓展活动

自以为是的狐狸,因为没有清楚地认识自己而最终落得损人不利己的悲惨命运。接下来,我们来听听下面这个故事,其中对话部分简练精彩,情绪饱满,适于表演。训练中,可分别邀请三位同学,根据各自的能力,分别扮演旁白(讲述)、陶罐和铁罐的角色进行表演,待到大家能精准把握不同角色时,再进行单独的完整表演。表演前可以想一想故事中的陶罐究竟错在哪里,以便更贴近角色,用适宜的语言表现角色。

陶罐和铁罐

宋护彬(重编)

国王的御厨里有两只罐子,一只是铁的,一只是陶的。骄傲的陶罐看不起铁罐,常常奚落它。

"你有我美吗?铁罐子!"陶罐傲慢地问。

"我当然没有你漂亮,陶罐妹妹。"谦虚的铁罐回答。

"你看我有一身漂亮的衣服,像是用丝绸织成的,又亮丽又光滑,还有美丽的花纹,你有吗?丑八怪!"陶罐带着更加轻蔑的语气说。

"我的确没有你漂亮,但我也不比你差呀。"铁罐争辩说,"我们生来就是给人们盛东西的,并不是来互相比美的。虽然我不美观,但我很牢固。再说……"

"住嘴!"陶罐恼怒了,"你有什么资格跟我比!你浑身黑不溜秋的,真像一团黑泥巴,丑陋的家伙!"

"我们还是做朋友吧,别再争下去了!"铁罐温和地说。

"和你交朋友,做梦去吧!就凭你这丑陋的东西,还想跟我在一起!"陶罐愤怒地说。

铁罐不再理会陶罐。

陶罐以为铁罐认输了,便得意扬扬地跳起舞来,嘴里还哼着:"我是世界上最美的罐子,有谁敢跟我比美呢?"它扭动着身子,高兴地唱着、跳着,就扭到了桌子边上。这时,铁罐急忙提醒道:"你快别跳了,不然会掉到地上摔碎的!"

陶罐轻蔑地看了他一眼,又继续跳舞。突然,身子一歪,掉到地上,摔成了碎片。

"怎么会这样啊?我不该……"陶罐痛苦地闭上了眼睛。

国王的御厨里只剩下一只黑黑的铁罐了。

四、经典吟诵

春

首四时,苏万汇者,春也。气暖则襟韵舒,日迟则烟气媚。百鸟和鸣,千花竞发。田畯(jùn)举趾于南亩,游人联辔于东郊。风光之艳,游赏之娱,以为最矣。

（选自《明文精选·闲赏》）

译文

一年四季的第一个季节,使万物恢复生机的是春天啊。(春天)天气转暖使人们的胸怀和神情舒展,太阳照射时间长了,原野上烟气蒸腾,十分好看。百鸟用声音来相互应和着,千花也争着开放。官员们不断巡视农田,游春的人们一块儿骑马来到郊外。风光的明艳,游山玩水的快乐,春天,算是最好的了。

第五课　智斗大灰狼

一、基础训练

1."话"画(丨停;／顿;⌒语意未断、连接;↗上扬语势;↘下行语势;→平行语势)

会飞的小星星

樊发稼

夏天的夜晚,

(安静的语气)

是什么↗在闪闪发光——

(语势顺势上扬,表达充满好奇与疑惑)

一忽儿高,↗一忽儿低,↘一忽儿西,↗一忽儿东。→

(语势对应变化,语速可逐渐加快,表达越来越惊喜的意味)

哥哥说:

（不能一快到底,所以说到此处,放慢语速,表现出哥哥知识丰富）

"这|是萤火虫。"

（此处的"停",可处理为哥哥有点卖关子的模样,富有幽默感）

妹妹说:

"怎么是／'虫',

（疑惑,此处一"顿"加深了听众对"虫"的印象）

明明是一颗颗／会飞的|小星星。"

（语速加快,表达意见不同而急切解释的心情。此处可以使用停或顿的技法,只要表现得当,都不会影响诗歌的美感。朗诵者应身临其境,先看到、感受到,再口到）

> ⓘ **训练提示**

这一素材的朗诵基调是活泼的、富有童趣的,朗诵者需注意语速快慢切换,以及停顿的处理,以凸显好奇的意味。

2. 动动嘴巴,越绕越精彩

东边来个小朋友叫小松,手里拿着一捆葱。西边来个小朋友叫小丛,手里拿着小闹钟。小松手里葱捆得松,掉在地上一些葱。小丛忙放闹钟去拾葱,帮助小松捆紧葱。小松夸小丛像雷锋,小丛说小松爱劳动。

> ⚙ **训练建议**

类似绕口令都有内在的共性,可通过左与右的对比来记忆。练习时,教师除需注意纠正学生的发音咬字外,还要充分利用绕口令的形象性和趣味性,进行课堂引导训练,这样不仅可训练学生的发音、记忆,还能潜移默化地提升学生的表情、肢体等综合舞台表现力。

3. 说说、练练、记记、演演

后汉三国,有一位莽撞人。自桃园三结义以来,大哥姓刘名备,字玄德,家住大树楼桑。二弟姓关名羽,字云长,家住山西蒲州解良县。三弟姓张名飞,字翼德,家住涿州范阳郡。后续四弟姓赵名云,字子龙,家住真定府常山县,百战百胜,后称为常胜将军。

> ⓘ **训练提示**

有句话说得好:"世间生意甚多,惟有说书难习。评叙说表非容易,千言万语须牢记。"初学者,首先要做到"声音洪亮""顿挫迟疾",才能"装文扮武我自己,好似一台大戏!"

二、作品表演训练

智斗大灰狼

宋护彬（改编）

扫码跟我练

这天早上，呆萌的小猪睡到太阳晒屁股，才不情愿地伸了个懒腰，打了个哈欠，揉了揉眼睛。忽然，他好像看到了什么，"噌"地从床上跳起来，疾步跑出房门。原来，窗外有一只漂亮的蝴蝶正在翩翩起舞。

小猪跟跟跄跄地跟着蝴蝶，左跑跑，右转转。他们玩起了捉迷藏，一个飞，一个赶，玩得开心极了。小猪跟着蝴蝶越走越远，越走越远，不知不觉中来到了森林深处。突然，蝴蝶拍拍翅膀一闪，不见了踪影。小猪东瞧瞧，西看看，发现身边到处是参天大树，遮天蔽日；周围迷雾蒙蒙，什么都看不真切。小猪害怕极了，像一只无头苍蝇一样在森林里东奔西撞。可不管他怎么努力，总是兜兜转转地回到原地。他一下子意识到自己迷路了，忍不住大哭起来："妈妈，妈妈，我要妈妈，我想回家！"

一阵风吹过，树叶发出沙沙的声音，小猪害怕地抬头四处打量，发现星星点点的光影中，一棵棵大树都像高大凶恶的怪兽一样对着自己张牙舞爪，吓得他紧紧地蜷缩在草丛里，瑟瑟发抖，哭声越来越大。

正在不远处觅食的大灰狼循着声音找了过来。看到可怜的小猪，他眼珠一转，计上心来："哎哟，这不是懂事的小猪兄弟吗，这是怎么了？该不会是迷路了吧？"小猪擦擦眼泪，看看眼前这个相貌丑陋却满脸堆笑的家伙，胆怯地问："你，你是谁啊？""哈哈，你怎么能不认识我呢？我就是你的好邻居灰狗哥哥啊！""那我怎么没有见过你呢？""哦？哦！那是因为我每天太忙了，我总是在你没起床的时候就出门帮大伙干活，在你睡着了以后才回到家里！太忙了，太忙了！"大灰狼一边说着，一边干巴巴地笑了几声。"哦，原来是这样啊，我听妈妈说，狗哥哥是我们的好朋友，他很热心的！""那是当然，所以我听到了你的求救声就赶紧跑了过来，带你回家哦！""谢谢狗哥哥，我就要见到妈妈喽！""是啊，我们赶紧出发吧，天都快黑了！"说着，大灰狼一把抓住小猪的手就出发了，眼里闪过一道贼光……

话分两头，小猪的哭声同时也惊动了好朋友小兔和刺猬，他们马不停蹄地赶过来，却看到小猪和大灰狼向远处走去。小兔急红了眼睛，结巴着说："这，这可怎么办？小猪……""肯定是大灰狼用花言巧语欺骗了小猪！""要是他们回到大灰狼家里，小猪可就死定啦！怎么办，怎么办啊？"小兔越说越担心，呜呜地哭了起来。沉着的小刺猬望着小猪远去的背影，突然转过身，对小兔窃窃私语了一番。再看小兔，他，居然破涕为笑了！

训练要求

同学们大多对描绘小猪和大灰狼的经典作品《三只小猪》耳熟能详。但在这则重新改编的作品里,首先,如何去表现小猪身上类似《小猫钓鱼》中小猫贪玩的一面,值得推敲。接着从迷路小猪的恐惧,到小猪被大灰狼蒙骗时的满怀期待,都可以运用眼神来凸显。

三、拓展活动

听老师口述《智斗大灰狼》故事后,进行二度创作。

发生:小猪在门前发现一只美丽蝴蝶被吸引,于是越追越远,跑到了大森林里迷路大哭,哭声引来了小兔和刺猬,也引来了一只我们不喜欢的大灰狼。

发展:大灰狼距离小猪最近,它会怎样去引诱小猪呢?小猪会上当吗?(需对话)

冲突:在这危急时刻小兔和刺猬及时赶到,他们会用怎样的聪明办法来帮助小猪逃脱大灰狼的魔爪呢?请展开想象,将结尾补充完整。

结尾:大灰狼的结局又会是怎样的呢?故事告诉我们一个什么道理呢?

请同学们开动脑筋,展开想象,以"智斗大灰狼"为题,进行故事编写并口述练习。

四、经典吟诵

夏

溽(rù)暑蒸人,如洪炉铸剑,谁能跃冶(yě)?须得清泉万派,茂树千章,古洞含风,阴崖积雪,空中楼阁,四面青山,镜里亭台,湘帘竹簟(diàn),藤枕石床:栩栩然,蝶欤(yú)周欤,吾不得而知也。

(选自《明文精选·闲赏》)

译文

闷热的夏天简直像炼铸宝剑的大火炉,谁都跑不掉。唉,让我闭上眼睛,我要到这样的地方去:汩汩清泉,古木参天,遮天蔽日,清凉无比;空穴来风,阴崖积雪,暑气全无;我在四面青山环抱处,搭一座空中楼阁,我在粼粼如镜的湖面上,搭一个亭子,盖上幔子,挂上竹帘,置一张石床,枕着一个藤枕入睡。哎呀呀,太惬意,太惬意!这莫不是真的?是庄周梦蝶,还是蝶梦庄周?不得而知,不得而知了。

第六课 狐狸上当

一、基础训练

1."话"画（｜停；／顿；⌒语意未断、连接；↗上扬语势；↘下行语势；→平行语势）

放 假 了

舒兰

放假了

小花朵们｜都跑出来了

（朗诵一开始便要让自己身临其境,如同自己也是其中一朵,断句的"停"要转化为寻找的表演）

有的喜欢爬山↗

有的喜欢玩水↘

她们到哪里

哪里就漂亮起来了

（先强调"她们",再强调下句的"哪里",表达出只要是有她们的地方,哪里都很美）

放假了

小星星们也都跑出来了

有的在黑森林里捉迷藏↗

有的去银河里游泳↘

他们到哪里

哪里便热闹起来了

（与上面句式相近,"捉迷藏"的色彩可更神秘、轻盈一点,而在诵读"热闹"一词时,应放慢语速,渲染气氛,加重色彩）

> ❗ **训练提示**

该首诗歌表达了孩童们对假期的无限向往,可以说充满着童真、童趣。要想朗诵得好,同学们要用眼睛去寻找,要用心去描绘,要多问问自己:若我真的看到了,会怎样用语言去表达? 其实,诗歌朗诵很简单,就是用真实的情感"说话",相信你们一定能做到!

2. 动动嘴巴,越绕越精彩

(1)韵母发音练习(e)。

发 e 音,口半闭,唇不圆,嘴角向左右微展,上下门齿稍微离开且都看得见。

(2)绕口令练习。

大和尚姓张小和尚姓蒋,大和尚小和尚常常商量。大和尚讲小和尚强,小和尚讲大和尚长。小和尚煎姜汤让大和尚尝,大和尚奖赏小和尚檀香箱。

训练建议

其实说好很简单,尤其是初学者,对于口形的塑造是第一步,因此教师的正确示范是至关重要的。对于 a、o、e 的发音,只要做到了张大嘴巴 a,a,a;嘴巴圆圆 o,o,o;嘴巴扁扁 e,e,e 就能说好。

3. 说说、练练、记记、演演

这人的武功不在二百五以上,也不在二百五以下,刚好一个二百五。双臂齐摇,呼呼挂风,七个不服,八个不忿,一百二十个不含糊。

训练提示

认真练习以上的语言片段,不仅可以培养学生兴趣,提升逻辑思维、记忆能力,还可以提高对口齿、气息等方面的掌控能力。要求学生能够大声、标准、字正腔圆,且带有一定表现力地完成。

二、作品表演训练

狐狸上当

宋护彬(重编)

说到这狐狸啊,大家都知道,阴险又狡诈。今天我说的这只,也不例外。话说这老狐狸半夜到李四老汉家偷鸡不成,反倒被扁担打折了腿。

扫码跟我练

你说巧不巧?这第二天早上李四老汉和老狐狸就又碰面了。老狐狸虚伪地问候道:"李四老汉,您早啊!""早,早!""您吃过早饭没有啊?""早饭啊?早饭我半夜就吃了!""啊?半夜?"老狐狸纳闷地追问,"那您吃的什么?""我呀……吃的是……扁担,那滋味啊,甭提有多鲜多美了,哈……哈!"老狐狸一听,这脸都给气青了,一瘸一拐地离开了。

这时间呀,来到了第三天的早上,李四老汉像往常一样来到田里,只见满地的石头,顿

时傻了眼。就在这时,老狐狸又出现了:"唉哟哟!怎么这么多石头啊?这该如何是好呀?"李四老汉一听,再抬头看看狐狸那张皮笑肉不笑的嘴脸,顿时什么都明白了。他不慌不忙地也大笑起来:"哈哈哈哈,这石头好啊,好啊,也不知是哪位好心人,这回可省了我的劲儿了!"接着又转向狐狸继续说道:"你不知道啊?这石头哇肥三年!""此话怎讲?"狐狸被李四老汉的话说得是丈二和尚摸不着头脑。"意思就是我这今年、明年、后年都不用施肥了,你说,我是不是要好好谢谢这位有心人呢?不过……""不过什么?"老狐狸赶紧追问道。"我们庄稼人啊,最怕的就是那些猪粪、马粪、牛粪,要是地里搁了这些个东西,唉……这后果呀不堪设想!"

同学们,讲到这儿,你们猜猜故事的结果会是怎样的呢?老狐狸又会做些什么呢?那么李四老汉地里的庄稼还会丰收吗?

训练要求

本文根据《狐狸上当》改编,作为初级教程,我们缩短了篇幅,基于不失趣味和道理的考虑,保留了李四老汉与狐狸之间精彩的对话。训练时,教师要尤其注意就角色对话的音色、节奏进行引导。李四老汉幽默、富有智慧,说话时还有些卖关子,而老狐狸依旧以"虚伪"作为它的名片。

三、拓展活动

同学们,关于狐狸的故事相信你们已经听过很多很多,来看看我们今天的拓展活动环节的故事吧。

传说啊,狗和狐狸是一对最要好的朋友,它们每天一起觅食、玩耍,无话不谈。有一天,当他们正在森林里追逐玩耍时,上帝想和他们做个游戏,来证明一下谁最真诚,因为上帝也相信真诚和善良能换来好运气!

游戏的规则是他们用剪刀石头布的方式,一局决定输赢,胜者可以继续幸福地活着,而失败的一方将会离开这个世界。狗和狐狸想到了一个完美的方法,它们要钻上帝的空子,"一局定输赢?那我们两个同时都出石头,至于难题,就留给上帝去解决吧。"狐狸说。

就这样,他们异口同声地大喊"石头剪刀布"同时出拳,可意外发生了:它们谁都没按照约定出石头,狗出的是剪刀,而狐狸出的是布……

听到这里大家都明白了吧!狗想让最好的朋友狐狸赢了自己,过上幸福的生活,自己做好了离开世界的准备。可狐狸却做着独享幸福的美梦。

同学们,保持一颗善良的心,真诚对待你的好朋友吧!

四、经典吟诵

秋

金风瑟瑟，红叶萧萧，孤燕排云，寒虫泣露，良用凄切。可爱者：云剑长空，水澄远浦，一片冷轮，皎皎碧落间，令人爽然。南楼清啸，东篱畅饮，亦幽人行乐时也。

银蟾皎洁，玉露凄清，四顾人寰（huán），万里一碧。携一二良朋，斗酒淋漓，彩毫纵横，仰问嫦娥："悔偷灵药否？"安得青鸾（luán）一只跨之，凭虚远游，直八万顷琉璃中也。

（选自《明文精选·闲赏》）

译文

秋风萧瑟，落叶萧萧，大雁南飞，蟋蟀滴露，这大约是秋的凄冷的一面。但是，也来看看秋的这一面吧：天高云淡，水天一色。到了晚上，一轮冷月，皎皎然挂于澄澈的夜空，绝美。南楼清谈吟诗，东篱畅饮欢聚，也算是有兴致的人游玩的最佳时节。

月光皎皎，白露晶莹，在秋的夜晚，仰望天空，万里一碧。邀三两个好朋友，畅快淋漓地饮酒、吟诗、作画，笑着仰望那轮明月："嫦娥啊，看到我们如此洒脱、快意，你是否后悔吃了仙丹？"恍惚间，仿佛飞来一只青鸾，哈哈，乘上去，扶摇直上九天，遨游在那澄澈明净的天空。

第七课　"高大"的长颈鹿

一、基础训练

1. "话"画（│停；╱顿；⌒语意未断、连接；↗上扬语势；↘下行语势；→平行语势）

标 点 游 戏

张晓楠

两只海豚，⌒

在玩⌒标点游戏。

（此处略微延长，幽默地表现为"卖关子"，这样的处理，亦可突出游戏的内容为"标点游戏"）

一只把皮球顶起，⌒

扮成逗号；↗

一只身子倒立，⌒

扮成感叹号。↘

（语意未完，顺势上扬，顺势下行）

两只还合作，⌒

伪装成括号。

嘻嘻，

一边儿大，

一边儿小。

（在朗诵至"小"字时，要将三声读完，做到字正腔圆，有稳定的结束感）

训练提示

只要善于观察，有一双善于发现美的眼睛，无处不诗情，诗歌就在我们身边。我们在练习诗歌朗诵的同时，也可以试着动动手，写一首小小的诗歌。

2. 动动嘴巴，越绕越精彩

(1)韵母发音练习(i)。

发 i 音，舌头前伸，前部隆起，口腔开度很小，嘴唇呈扁形，嘴角尽量向左右展开，舌尖下垂在下门齿背后。

(2)绕口令练习。

清早起来雨淅淅，王七上街去买席。骑着毛驴跑得急，捎带卖蛋又贩梨。一跑跑到小桥西，毛驴一下跌了蹄。打了蛋，撒了梨，跑了驴，急得王七眼泪滴，又哭鸡蛋又骂驴。

训练建议

发 i 音的时候很容易使声音变得很挤很扁，所以在发音训练时，教师要尽量引导学生达到"窄音宽发"，即把舌位后移一点儿，使口腔开度更大。

3. 说说、练练、记记、演演

天上一颗星，地下一块冰，屋上一只鹰，墙上一排钉。抬头不见天上的星，乒乒乓乓踏碎地下的冰，啊嘘啊嘘赶走了屋上的鹰，稀里稀里拔掉了墙上的钉。

训练提示

随着学习的深入，对于小片段的练习，要逐步提高诵读时声音、节奏、韵味、口气等艺术性要求，教师需提前就授课内容做好充分的准备，并做出优质、准确的示范。

二、作品表演训练

"高大"的长颈鹿

程颖

野鸡在水塘边的草丛里生下了一枚蛋,这是她的第一枚蛋,当然高兴,所以就邀请了许多动物来参观。正当大家围着野鸡恭贺时,长颈鹿走过来,用一种藐视的眼神瞟了一眼野鸡,然后俯下身子,用下巴颏压了一下蛋,"啪"的一声蛋被压碎了。野鸡伤心地哭了起来,大家愤愤不平,七嘴八舌批评长颈鹿。长颈鹿没有丝毫悔意,反而还嘲笑野鸡:"傻瓜,不就是一枚小蛋嘛,长大了也丑不拉叽的,能变成凤凰吗?"小猪挥起拳头砸向长颈鹿,可这对长颈鹿来说,仿佛是被小蚊子叮了一口而已。长颈鹿用他的大长腿轻轻一抬,小猪就摔了个四仰八叉。"哼!你们这群没用的东西!"尽管大家愤愤不平,却敢怒而不敢言,对于长颈鹿来说,他们实在太渺小了。

不久后,在一个风和日丽的日子里,小喜鹊正在学飞翔。这是一只羽翼还未丰满的小家伙,当然飞不好。喜鹊妈妈对孩子充满期望,不厌其烦地一遍遍给小喜鹊讲授飞行要领。在一旁乘凉的长颈鹿受不了了,走过来冲着喜鹊妈妈喊道:"简直太可笑了!看看你的孩子飞得还不如我的脖子高!别在我眼前晃来晃去,飞什么飞!快一边待着去吧!"喜鹊妈妈并不理会长颈鹿的傲慢无礼,轻轻地用翅膀拍了拍自己的孩子,小喜鹊又一次冲向天空……

长颈鹿仗着自己的"高大",越发地趾高气扬,自以为是,横行霸道。小动物们无不怨声载道。

一天,狐狸去拜见长颈鹿,"哟,您是多么的聪明!多么的帅气!多么的高大!可惜您的脖子长了点,要不然就可以和聪明的人类媲美了。我劝您去整整容吧,我已安排好了世界顶级整容师,所有的费用我们会负责,不用您操心。"长颈鹿想要照镜子,可脖子太长,怎么退后,也照不到全身。于是对狐狸的建议更加深信不疑,去整容了。

大家快来看啊,整容后的长颈鹿脖子变短了,腿也更细了,可重重的身体压在细长的腿上,有点,有点……等等,这是什么动静?"嘎吱!嘎吱!"天哪,几声响后,长颈鹿的四条腿都断了。绝望的长颈鹿瘫坐在地上,再也站不起来了。这正应验了那句:总把别人当傻瓜,自己才是大傻瓜!

扫码跟我练

训练要求

《"高大"的长颈鹿》的故事告诫我们在与人交往的过程中不要总把别人当傻瓜,人与人相处讲究的是真诚与包容。每则故事中,我们可以看到形形色色的角色,他们身高、胖瘦不同,性格或相似,或截然不同。故事训练初期,教师首先要对讲故事中的"讲"加强训练;其次便是在角色语言"化妆"及舞台方位选择等几个方面着重加强训练。切不可将讲故事变成演故事,一人一台戏的表演。

三、拓展活动

记得小时候家里养了一群鸡,白天在房前屋后翻找食物,追逐打闹;傍晚就聚拢到一起,沿着院子里晾晒东西的一根横木,飞到楝树枝上过夜。十几只鸡,每一只都因它的毛色或者身形,有自己专属的名字……老舍先生笔下的这些母鸡的形象,是许多人儿时就十分熟悉的。而现在的学生似乎只能在《动物世界》里找寻这样的趣味了。推荐下面这篇作品是希望教师引导学生在日常生活中多去观察,用一双慧眼透过生活中的真实的、生动的、活泼的,甚至曾经不屑的现象,去体悟那些可爱的、有趣的、生机盎然的、令人动容的本质,从而通过语言色彩的变化、声调的抑扬顿挫,凸显出故事的生动、有趣。

母　鸡

老舍

我一向讨厌母鸡。听吧,它由前院嘎嘎到后院,由后院再嘎嘎到前院,没完没了,并且没有什么理由,讨厌!有的时候,它不这样乱叫,而是细声细气的,有什么心事似的,颤颤巍巍的,顺着墙根,或沿着田坝,那么扯长了声如怨如诉,使人心中立刻结起个小疙瘩来。

它永远不反抗公鸡。有时候却欺侮那最忠厚的鸭子。更可恶的是遇到另一只母鸡的时候,它会下毒手,趁其不备,狠狠地咬一口,咬下一撮儿毛来。到下蛋的时候,它差不多是发了狂,恨不能让全世界都知道它这点儿成绩;就是耳背也会被吵得受不了。

可是,现在我改变了心思,我看见一只孵出一群鸡雏的母鸡。不论是在院里,还是在院外,它总是挺着脖儿,表示出世界上并没有可怕的东西。一个鸟儿飞过,或是什么东西响了一声,它立刻警戒起来:歪着头听,挺着身预备作战;看看前,看看后,咕咕地警告鸡雏要马上集合到它身边来。发现了一点儿可吃的东西,它咕咕地紧叫,啄一啄那个东西,马上便放下,让它的儿女吃。结果,每一只鸡雏的肚子都圆圆地下垂,像刚装了一两个汤圆儿似的,它自己却消瘦了许多。假若有别的大鸡来抢食,它一定出击,把它们赶出老远,连大公鸡也怕它三分。

它教鸡雏们啄食,掘地,用土洗澡,一天不知教多少次。它还半蹲着,让它们挤在它的翅下、胸下,得一点儿温暖。它若伏在地上,鸡雏们有的便爬到它的背上,啄它的头或别的地方,它一声也不哼。在夜间若有什么动静,它便放声啼叫,顶尖锐,顶凄惨,无论多么贪睡的人都得起来看看,是不是有了黄鼠狼。

它负责、慈爱、勇敢、辛苦,因为它有了一群鸡雏。它伟大,因为它是鸡母亲。一个母亲必定就是一位英雄。我不敢再讨厌母鸡了。

四、经典吟诵

观 田 家

（唐）韦应物

微雨众卉新,一雷惊蛰始。田家几日闲,耕种从此起。

丁壮俱在野,场圃亦就理。归来景常晏,饮犊西涧水。

饥劬不自苦,膏泽且为喜。仓廪无宿储,徭役犹未已。

方惭不耕者,禄食出闾里。

译文

一场细微的春雨让百草充满生机,一声隆隆的春雷后惊蛰节令来临。

种田人家一年能有几天空闲,田中劳作从惊蛰便开始忙碌起来。

年轻力壮的都去田野里耕地,场院改成菜地也整理出来了。

从田中归来常是太阳下山以后,还要牵上牛犊到西边山涧去饮水。

农夫们挨饿辛劳从不叫苦,一场贵如油的春雨降下就使他们充满了喜悦。

粮仓中早已没了往日的存粮,但官府的派差却还无尽无休。

看到农民这样,我这不耕者深感惭愧,我所得的俸禄可都出自这些农民。

第八课 抓 螃 蟹

一、基础训练

1."话"画（‖停；／顿；⌒语意未断、连接；↗上扬语势；↘下行语势；→平行语势）

蝴 蝶 醉 了

李德民

高高低低地飞着⌒

(对于高高低低,在做出空间上高与低变化的同时,也要做出高与低的色彩变化。学生要做到以假当真,如同看见眼前的蝴蝶正在飞舞)

忽左忽右地飞着

（一会儿飞到这儿，一会儿飞到那儿，趣味十足。我们常把蝴蝶飞比作翩翩起舞，因此"忽左忽右"较"高高低低"在节奏上要缓慢）

花丛中的／蝴蝶⌒

（这里不仅有语意未断的意味，也是凸显朗读者在猜测，有一种预期）

是不是醉了⌒

醉得都飞不成直线了

（要一气呵成，这里要表现出醉的程度，是对上一句醉的补充）

花蕾⌒像是一个个⌒

小酒坛↗

（语气里透露着惊喜）

阳光下打开了↗⌒

（满怀期待，是呀，打开了，会有怎样的惊喜呢？）

花香⌒飘出来⌒

花丛中的／蝴蝶⌒

闻——醉——了

（表明诗作即将结束，同时表达出陶醉其间的感受）

训练提示

这一首首的儿童诗为何如此打动孩子们的心，为何如此朗朗上口，为何如此醉人，原因其实很简单，只因为孩子们眼里的世界很纯净、很精彩，任何一个小小的，也许我们并不留意的事物，在他们的眼里却变成了别样、有趣的风景线。同学们，发挥你们的想象力，拿起手中的笔，写出你们看到的一切美好吧！

2. 动动嘴巴，越绕越精彩

(1)韵母发音练习(u)。

发 u 音，口腔开度很小，上下唇尽量收缩成圆形，双唇向前凸起（像不开心时噘嘴的样子），只留一个小圆孔。

(2)绕口令练习。

爷爷领着孙子小黑虎，来到猪圈数黑猪。黑猪圈在猪圈里，各个猪圈都有猪。

小黑虎不马虎，挨着个儿地把猪数。黑猪围着小黑虎，转来转去乱乎乎。

黑虎数了半天小黑猪，不知哪些黑猪挨过黑虎数，也不知黑虎数过哪些小黑猪。

逗得爷爷抿嘴笑，急得黑虎直要哭，爷爷说："小黑虎，你别哭，这是十五只小黑猪。"

训练建议

训练时,要注意观察学生的舌头及唇形,舌的后部须隆起。

3. 说说、练练、记记、演演

八十八岁公公门前有八十八棵竹,八十八只八哥要到八十八岁公公门前的八十八棵竹上来借宿。八十八岁公公不许八十八只八哥到八十八棵竹上来借宿,八十八岁公公打发八十八个金弓银弹手去射杀八十八只八哥,不许八十八只八哥到八十八岁公公门前的八十八棵竹上来借宿。

训练提示

无论是绕口令还是贯口,看似都很难记忆,更别说背诵表演了。但当你静下心来,找到专属于自己的记忆方式(形象记忆、逻辑记忆、暗示记忆等方法),它们就会变成威风扫地的"纸老虎"! 加油吧,同学们!

二、作品表演训练

抓 螃 蟹

高思哲

大家要是问我最喜欢的运动是什么? 篮球?(NO!)足球?(NO!)游泳? 爬山?(NO! NO! NO!)告诉你们,我最喜欢的是——抓螃蟹。

哈哈哈,大家没有想到吧? 对于这项技能我是很引以为豪的。但是,老妈每次看到我抓螃蟹的时候都会一边摇头一边叨唠着说:"小蜗牛呀小蜗牛,你怎么一看到螃蟹就马达加速秒变'疾速蜗牛'了呢?"哎,老妈,我的世界你不懂,抓螃蟹的快乐只有我知道。(代沟! 代沟!)

扫码跟我练

回想第一次抓螃蟹,我就是一只"菜鸟"。什么是"初生牛犊不怕虎"? 就是我这样。看到石头缝里的螃蟹,二话不说,我伸手就抓。"啊!"悲剧发生了。大家一定猜到了,没错,我的手被一只螃蟹钳死死地夹住了。螃蟹跑了,蟹钳印却还在我的手指上。小螃蟹的这次攻击,让我的手指又红又肿了好几天呢。唉,这是小螃蟹对我的小小惩罚。

但是现在,我可是抓螃蟹的高手啦! 这不,刚一放假,我就来到了炮台湾湿地公园。当我掀开一块大石头时,一只巨大的螃蟹映入眼帘。大概它正做着黄粱美梦吧! 说时迟,那时快,我一手便擒住它的要害,那可真叫一个"稳、准、狠"哦! 只见这只"小霸王"挥舞着大钳子想袭击我,可惜呀,可惜,无论它如何挣扎,就是抓不到我。看着它在空中张牙舞爪的样子,真是好玩极了。

如今，我不仅自己抓螃蟹，还会带着伙伴们一起去抓。若问小伙伴们抓螃蟹哪个强，大伙一定会说我最强。所以炮台湾湿地公园的湿地上也总能看到"抓蟹大仙"和小伙伴们上蹿下跳抓螃蟹的身影。

晒太阳，吹江风，和小螃蟹们玩着"游击战"。没有电子娱乐的陪伴，我也玩出了我的快乐和精彩！

训练要求

这是一篇小朋友亲身经历之后有感而发的小故事，整篇文章诙谐幽默。要想讲好这个故事，首先要有极强的分享感。换言之，就是需要综合眼神、表情、富有变化的语言、恰当的舞台方位变化和肢体语言来完成与观众之间的"分享"。由于学生的年龄、性别、性格、语言驾驭能力等存在差异，在辅导时，教师要根据个体差异，为其设计最合适的表演风格。

三、拓展活动

水被誉为"生命源泉"，可见其重要性。人缺水不行，牲畜也一样。为了孩子，无论是人类还是动物，每一位母亲都会义无反顾……

母　爱

江南雨

这是一个真实的故事。故事发生在西部的青海省，一个极度缺水的沙漠地区。这里，每人每天的用水量严格地限定为 1.5 升，这还得靠驻军从很远的地方运来。日常的饮用、洗漱、洗菜、洗衣，包括喂牲口，全都依赖这 1.5 升珍贵的水。

人缺水不行，牲畜也一样，渴啊！一天，一头一直被人们认为憨厚、老实的老牛渴极了，挣脱了缰绳，强行闯入沙漠里唯一的也是运水车必经的公路。终于，运水的军车来了，老牛以不可思议的识别力，迅速地冲上公路，军车一个急刹车戛然而止。老牛沉默地立在车前，任凭司机呵斥驱赶，不肯挪动半步。五分钟过去了，双方依然僵持着。运水的战士以前也碰到过牲口拦路索水的情形，但它们都不像这头牛这样倔强。人和牛就这样耗着，最后造成了堵车，后面的司机开始骂骂咧咧，性急的甚至试图点火驱赶，可老牛不为所动。

后来，牛的主人寻来了，恼羞成怒的主人扬起长鞭狠狠地抽打在瘦骨嶙峋的牛背上，牛被打得皮开肉绽，哀哀叫唤，但还是不肯让开。鲜血沁了出来，染红了鞭子，老牛的凄厉哞叫，和着沙漠中阴冷的酷风，显得分外的悲壮。一旁的运水战士哭了，骂骂咧咧的司机也哭了。最后，运水的战士说："就让我违反一次规定吧，我愿意接受一次处分。"他从水车上取出半盆水——正好1.5升,放在牛面前。

出人意料的是,老牛没有喝以死抗争得来的水,而是对着夕阳,仰天长哞,似乎在呼唤什么。不远处的沙堆背后跑来一头小牛,受伤的老牛慈爱地看着小牛贪婪地喝完水,伸出舌头舔舔小牛的眼睛,小牛也舔舔老牛的眼睛。静默中,人们看到了母子眼中的泪水。没等主人吆喝,在一片寂静无语中,它们掉转头,慢慢往回走。

四、经典吟诵

上 善 若 水

（春秋）老子

上善若水,水善利万物而不争,处众人之所恶(wù),故几(jī)于道。居善地,心善渊,与善仁,言善信,正善治,事善能,动善时。夫唯不争,故无尤。

译文

最高的善行好像水,水最能便利万物而又不与它们相争,别人不愿去的地方,它总是飞身而下。上善的人居住的地方最能适应地势,心思最沉静,交往最友好,说话最讲信用,执政的时候最会治理,办事最能干,行动最合时宜。正因为与一切无争,所以没有过失,心中也不会有遗憾。

第九课　老鼠开会

一、基础训练

1. "话"画(｜停；／顿；⌒语意未断、连接；↗上扬语势；↘下行语势；→平行语势)

从耳边掠过的风

金波

从耳边掠过的风,⌒

（顺势连接下一句）

一点儿也不冷；

（表示此刻非常温暖,语言上要强调"一点儿"）

因为风里,⌒

有我们的歌声。

(补充说明,说明不冷的原因,因此说到此,色彩变得明亮)

从心中飞出的歌声,

比鸟儿唱得更动听;

(这两句是进行歌声的对比,因此朗诵时注意语气的变化)

因为歌声里,

有甜蜜的友情。

(这里加强甜蜜的感情色彩)

歌唱友情的歌,

就像春天里的风,⌒

从耳边流进心中,

消融⌒心头的寒冷。

!训练提示

诗歌分为三段,前两段以陈述、判断、说明展开,因此要在语言节奏上做出调整,第三段是立意升华的部分,诵读时应注意内心情感的表达,语言色彩需要加强。

2. 动动嘴巴,越绕越精彩

(1)韵母发音练习(ü)。

发 ü 音,和 i 相同,只是唇形不同。ü 是圆唇,双唇聚拢,唇中间留一个扁形的小孔。口腔开度很小,上下唇尽量收缩成圆形,双唇向前凸起(像不开心时噘嘴的样子),只留一个小圆孔。

(2)绕口令练习。

大渠养大鱼不养小鱼,小渠养小鱼不养大鱼。一天天下雨,大渠水流进小渠,小渠水流进大渠。大渠里有了小鱼不见大鱼,小渠里有了大鱼不见小鱼。

训练建议

如果只会发 i 音,不会发 ü 音,可以先发 i 音,然后把舌头固定起来,声音拖长,逐渐收拢双唇和嘴角,即成 ü 音。

3. 说说、练练、记记、演演

同学们好,我叫××,今天我来给大家说段单口相声。相声是一门语言艺术,讲究的是说、学、逗、唱。我先给大家来段"贯口"——《华夏名山》:

要说山,就说山,我简简单单把华夏大地的名山报一番:

河北狼牙山、山西太行山、内蒙古阴山、黑龙江黑山、吉林长白山、辽宁千山、山东泰山、江苏紫金山、安徽黄山、浙江雁荡山、江西庐山、福建黄岗山、台湾阿里山、河南嵩山、湖北大巴山、湖南衡山、广东南岭、广西阳朔山、陕西华山、宁夏六盘山、甘肃祁连山、青海昆仑山、新疆天山、四川峨眉山、贵州苗岭山、云南横断山、西藏喜马拉雅山。

训练提示

在训练中,看似毫无关联的内容,可以找出内在记忆的联系。第一步慢读,保证字正腔圆;第二步便是找气口,最初可多设置几个气口,随着熟练度提高可逐渐减少气口,同时要保证句子顺畅并有韵味。

二、作品表演训练

老 鼠 开 会

殷玮蔚(改编)

很久很久以前,老鼠的天敌——猫,大肆侵袭老鼠,见一只捉一只,以至于老鼠们个个失亲丧友,骨肉分离,家破鼠亡。它们对此十分苦恼。于是,鼠国的最高统帅——鼠王在下水道召开了一次会议,商量用什么办法对付猫的骚扰,以求平安。开会那天,各种各样的老鼠从四面八方赶来,真是"鼠头攒动"。因为这次会议关系到国家的存亡,所以鼠民们个个踊跃发言。

扫码跟我练

"我有个主意。"一只性急的身强力壮的鼠小伙连忙喊道,"以后我们出去找食物时可以成群结队,带上一件外形像猫的衣服,猫一出现,咱们就立马躲到大衣里,让猫误以为是它的同类,就不会来侵袭我们了。""这怎么行?"众多老鼠纷纷反驳,"只怕我们还没躲进衣服里,就被速度超快的猫捉住了。而且就算躲进去了,猫还是能闻到我们老鼠的气味,气味会把猫引过来抓住我们。"第一个主意就这样被否定了。

这时,一只胖乎乎的鼠大妈拍拍围裙,拉着她婀娜多姿的女儿站起来说:"为了鼠国的安全,我可以牺牲自己如花似玉的女儿,让女儿嫁给猫,这样猫怎么忍心再吃我们呢?"鼠王听了皱起眉,摇摇头说:"你精神可嘉,但猫怎会因为花容月貌的女子放弃大饱口福的机会?"鼠大妈和她女儿吓得赶紧坐了下来,脸色苍白。看来这个主意也不行。鼠民们个个抓耳挠腮,一筹莫展。

就在这时,一只机灵的鼠小弟一拍脑袋说:"我们可以把铃铛挂在猫脖子上,这样只要铃铛一响,就知道猫来了,大家赶紧逃走就行了。"话音刚落,台下就响起了热烈的掌声,大家纷纷对鼠小弟投来赞许的目光,一致同意这个想法,说:"这个办法太好了! 鼠小弟真聪明。"鼠小弟也得意扬扬起来。

正当鼠王眉开眼笑，准备实施时，一只之前一言不发、一声不吭的年老的老鼠站起来问大家："那么，请问派谁去把铃铛挂在猫的脖子上呢？"大家一下子傻了眼，你看我，我看你，下水道里顿时一片寂静……

训练要求

这篇童话故事文字精练，语言诙谐幽默，训练时，除了要做到对故事情节的发展脉络心中有数之外，还要注意根据文字内容，体味人物性格特征，进而把握好对话的语言色彩。在进行多角色扮演的过程中，要力求人物形象立体，个性鲜明，可通过语音辨别、体态塑造、舞台调度等方式，区分故事角色，避免故事人物混淆。

三、拓展活动

童话故事中角色的对话不仅使故事的讲述者有身临其境的感觉，更让故事变得生动有趣。而对于其中各种角色的性格、声音，讲述者要用心揣摩，努力塑造鲜明的形象。我们来看下面一则小故事，试着做一下练习吧。

两只老鼠比胆子

人物：主持人（简称主）　花猫（简称猫）　圆耳朵（简称圆）　尖尾巴（简称尖）

（幕启。主持人上。）

主：两只老鼠，个儿一样大。一只叫圆耳朵，一只叫尖尾巴。咱们把胆儿小的人比作"胆小如鼠"，这两只老鼠对自己可不那么评价。你们看，他们来了！（慢下）

（圆耳朵、尖尾巴小心翼翼地上，他们见四周无人，便抖擞起精神）

尖：哟，这不是圆耳朵？

圆：这不是尖尾巴？你去干吗？

尖：你去干吗？

圆：眼镜蛇请我去出席他们的庆功会。你呢？

尖：小花猫的孩子过生日，请我去参加。

圆：什么？你敢去小花猫家？

尖：那你敢去眼镜蛇的家？

圆：眼镜蛇有什么可怕，在这个世界上，我圆耳朵胆子最大！

尖：你算什么！谁不知道，我尖尾巴的胆子最大！

圆：你的胆子有多大？

尖：你的胆子有多大？

圆：见了狐狸我不怕，我敢咬狐狸的脚丫！

尖:见了狗熊我不怕,我敢打狗熊的耳刮!

圆:狗熊没有老虎恶,我敢揪老虎的尾巴!

尖:老虎没有狮子凶,我敢拔狮子的门牙!

(花猫暗上)

猫:喵呜——谁在吹牛说大话?

圆:啊——花猫来了!

尖:快跑呀!

(二人乱跑撞在一起。圆耳朵碰到了头)

圆:嘭!哎呀,疼死我啦!

尖:哪是我的家呀?妈呀,快来救我吧!

(二人仓皇下场)

猫:大家看看,这两只老鼠的胆子就是这么大!

训练要求

这是一则独幕童话剧,在表演过程中,两只老鼠自吹自擂的感觉要找准,但同时要注重肢体语言的简练鲜明、自然适度。面部表情是肢体语言表现的核心,我们需要通过眼神、面部表情和肢体动作,加之精彩的口语表达,从视觉和听觉两个方面留给观众深刻的印象。

四、经典吟诵

豺 烹 羊

盘古初,鸟兽皆能言。一日,豺与羊同涧饮水,豺欲烹其羊,自念无以措辞,乃强责之曰:"汝混浊此水,使老夫不能饮,该杀!"羊对曰:"大王在上流,羊在下流,虽浊无碍。"豺复责曰:"汝去年某日,出言得罪于我,亦该杀!"羊曰:"大王误矣。去年某日,羊未出世,安能得罪大王?"豺则变羞为怒,责之曰:"汝之父母得罪于我,亦汝之罪也。"遂烹之。谚云:欲加之罪,何患无辞。即此之谓也。

(选自《意拾喻言》)

译文

盘古开天辟地初期,鸟兽都能说话。有一天,豺狼与羊在同一条小河喝水,豺狼想把那只羊煮了吃掉,自己心想没有(合适的)说辞(即理由),就强行责备那只羊说:"你把水弄浑浊了,我不能喝了,该杀!"羊回答说:"大王在上游,我在下游,即使我弄浑了水也不妨碍(您喝水)。"豺狼又责备他说:"你去年某日,说话得罪了我,也该杀!"羊说:"大王弄错了,去年某日,我还没出世,怎么会得罪大王呢?"豺狼变羞愧为愤怒,责备羊说:"你的父母得罪了我,也是你的罪。"于是就将那只羊煮了吃掉了。谚语说:想要加罪于人,不必担心找不到罪名。说的就是这种事情啊。

第十课 爷爷家的胖猫咪

一、基础训练

1."话"画(∣停;／顿;⌒语意未断、连接;↗上扬语势;↘下行语势;→平行语势;∨换气)

通红的柿子

金波

每天、每天,⌒

(第一个"每天"似在思考,语气轻盈;第二个"每天"语气则略加强,让它变得更加具体,要与下一句的语意紧密连接)

都有三片、↗两片↘

(语势的变化表示三片抑或两片,快速换气连接下一句)

穿着红袄的柿叶,⌒

去把秋风⌒追赶。

(要合理把握此句语速快与慢的变化,"追赶"一词要读出与其对应的形象感)

当秋季的最后几天,

("最后几天"朗诵时,色彩轻柔)

光秃秃的柿子树上,⌒

不留一片叶子时,

("一片"可稍做强调)

我看见:∨还有一个⌒

(此处的快换气为惊喜的情绪做准备)

通红通红的柿子／挂着,

它把树枝儿／压弯。

(切记"压弯"不可重读,更不可认为是重压的结果,应为这幅别致画面而用心赞美)

一个孩子说:

如果秋风／把它摔下来，

（同理，朗诵"摔下来"时要轻轻地，表示不希望）

它一定⌒会摔得很疼很疼。

（"很疼很疼"，要越说越轻，表示心疼）

另一个孩子说：

我希望／再也别刮风，

就让它在树上／过一冬。

还有一个孩子说：

我希望⌒在一个秋天的晚上，

（这句话同样是希望，但此时的希望更加急切，因此朗诵时语速要加快，把重心放在希望上）

它变成一盏⌒小小的灯。

一位老爷爷却说：

（语速放慢，形象地刻画老爷爷）

它会变成／一颗／小小的太阳，⌒

给你们洒下∨甜蜜的光。

> **训练提示**

这是一首极富童趣又很甜蜜的诗歌，字里行间流露着孩子的天真和善良，老爷爷慈爱的言语，更会种下"一颗小小的太阳"，温暖孩子的心灵。朗诵时，要根据作者创作的思想脉络，在自己内心构建清晰的画面；体会作者创作的情感，在画面的描绘中做出相应的表达。

2. 动动嘴巴，越绕越精彩

数九寒天冷飕飕，年年春打六九头。正月十五龙灯会，有一对狮子滚绣球。三月三王母娘娘蟠桃会，大闹天宫孙悟空把这个仙桃偷。五月当五端午节，白蛇许仙不到头。七月七传说名叫天河配，牛郎织女泪双流。八月十五云遮月，月里嫦娥犯忧愁。

> **训练建议**

相信通过之前的绕口令练习，大家已经掌握了呼吸和吐字的技巧，同学们要勤加练习，不断在实践中锻炼控制气息和口腔的能力，使自己诵读时的神情和肢体动作能与语言相协调。

3. 说说、练练、记记、演演

世界上,条条大路通罗马。桥,必不可少。赵州桥、南京长江大桥、上海杨浦大桥、九江长江大桥、虎门大桥、香港青马大桥、布鲁克林悬桥、金门大桥、西雅图平旋桥、切萨皮克-特拉华运河大桥、神户大桥、下津井濑户大桥、明石海峡大桥、伦敦塔桥、塞文桥、亨伯尔桥、魁北克桥、德安纳西斯桥、诺森伯兰海峡大桥、南滕巴赫美因河桥。

> **训练提示**

继上节课的贯口练习,本课仍需强调换气口,切忌一拖到底或一快到底。

二、作品表演训练

爷爷家的胖猫咪

高月桂

扫码跟我练

可可以前很喜欢猫咪,不论是大猫、小猫,还是白猫、黑猫,她通通都喜欢。可是,自从见了乡下爷爷家的那只叫"胖胖"的猫以后,可可就开始不喜欢猫咪了。

胖胖是一只洁白洁白的漂亮猫咪,也是爷爷的小宝贝,它已经3岁了。胖胖长得胖乎乎的,身上的毛光亮亮的,即使这样,可可还是不喜欢它。

因为胖胖很懒。它一整天不是待在爷爷的床上玩,就是躺在走廊里的旧沙发上睡懒觉。听说,就算看见老鼠从身边经过,它都懒得伸爪去把老鼠抓住。

胖胖也很贪吃。它总是眼睛一动不动盯着可可手里的好吃的,害得可可不得不时刻担心好吃的被它抢了去。

胖胖还很不讲究卫生。黄瓜架、杂物箱,甚至奶奶做饭的老虎灶,不管什么地方它都要钻,一会儿变成黑猫,一会儿变成灰猫,还用脏兮兮的耳朵去蹭爷爷的手,让爷爷给它洗澡!

胖胖还是个小偷呢!如果你没有在听到母鸡的第一声"咯咯哒"时就跑过去的话,你就休想再看到鸡蛋的影子,肯定早就被胖胖吃到肚子里了。

不仅如此,胖胖还是个小气鬼,每次看见爷爷抱可可,它就气得"喵喵"叫个不停,在爷爷的身边转来转去,一会用头蹭爷爷的腿,一会用爪拉爷爷的胳膊,谁都知道,它就是想让爷爷抱它!

胖胖简直讨厌极了。

日子过得很快,暑假要结束了,可可得回到城里的家了,她很高兴再也不用见那只讨厌的胖胖了。可是她每次吃好吃的东西的时候会想起胖胖,坐在沙发上看电视的时候会想起胖胖,洗澡的时候会想起胖胖,被妈妈抱的时候也会想起胖胖。

她发现,原来自己已经喜欢上了胖胖。

训练要求

这篇故事看似很简单,其实对于语言表现力的要求却不低,细心的你们一定会发现,故事中几乎没有角色对话,取而代之的则是从头至尾的讲述,因此表演者在讲故事的时候必须运用多变的语言、精准的眼神、活灵活现的肢体表现等方式进行综合表演。故事最大的特点是语言精练、层次分明,随着故事进入尾声,这只懒惰、贪吃,还不讲究卫生的"胖胖"已悄然浮现眼前,尽管"胖胖"毛病多,但又有谁会不喜爱这只"缺点"多却又可爱的猫咪呢?

三、拓展活动

你一定看过很多故事吧,试着编写一个简单的故事,运用所学的朗诵技巧,把它有声有色地朗诵给爸爸妈妈听吧。

"委曲求全"的核桃

程颖(改编)

"快救救我吧,好心的高墙!"一颗被乌鸦的嘴啄得面目全非的核桃可怜巴巴地对墙大声哀求着,"你别让它把我啄破,别让它把我吃了,求求你可怜可怜我吧!你是如此高大牢固,相信你一定也有一颗善良的心。"

高墙看着脚下这颗圆头圆脑、可怜兮兮的核桃,刚要说话,核桃又开口了:"我原想落到一块适宜的土地上去生根发芽的,不曾想却落进乌鸦的嘴里,这已经是太不幸了!所以请求您把我留下吧!"听着核桃的哭诉,墙几乎也要流泪了,他终于默许核桃留了下来。

时间一天一天过去了,被收留在高墙缝隙里的核桃,开始生根发芽,贪婪地向墙体里钻。日日夜夜,一刻不停地扎到所有它们能扎进的地方。渐渐地,墙体松动了,砖块一块一块地掉落下来……

当高墙明白过来,原来这颗可怜兮兮的小核桃是这样"委曲求全",为时已晚……

四、经典吟诵

北冥有鱼(节选)

(战国)庄周

北冥有鱼,其名为鲲(kūn)。鲲之大,不知其几千里也;化而为鸟,其名为鹏。鹏之背,不知其几千里也;怒而飞,其翼若垂天之云。是鸟也,海运则将徙于南冥。南冥者,天池也。《齐谐》者,志怪者也。《谐》之言曰:"鹏之徙于南冥也,水击三千里,抟(tuán)扶摇而上者九万里,去以六月息者也。"

(选自《逍遥游》)

译文

　　北方的大海里有一种鱼,它的名字叫作鲲。鲲的体积,真不知大到几千里;变为鸟,名字叫鹏。鹏的脊背,真不知长到几千里。当它奋起而飞的时候,那展开的双翅就像天边的云。这只鹏鸟呀,随着风浪来到南方的大海。南方的大海是个天然的大池。《齐谐》是一部专门记载怪异事情的书,这本书上记载:"鹏鸟要迁徙到南方的大海,翅膀拍击水面激起三千里的波涛,盘旋而上激起的狂风直冲九万里高空,鹏离开北方的大海用了六个月的时间才停歇下来。"

第十一课　乡下老鼠进城记

一、基础训练

1. "话"画(｜停;／顿;⌒语意未断、连接;↗上扬语势;↘下行语势;→平行语势)

乡　情

赵玉亮

以乡土／浑然的气息漫过来

以大山／宽厚的肩膀／围过来

我奋力／扑进这温馨的怀抱

让大地的血脉｜充盈全身……

踮起脚尖↗

我舒开⌒一枝一叶

仍像田野上⌒

一株朴实的庄稼↗

摇曳着｜美丽的／青春

这是一首描写思乡之情的诗歌,它就像一阵阵清风,温暖、滋润着我们的心灵。诗歌的特点是慢快交替,朗诵时讲究层层递进,因此朗读者要从内心涌出一种对美好生活无限热爱的情绪,再用节奏来表现层层递进的情境。记得在最后一句结束的时候语速要逐渐放慢,使听者意犹未尽。

2.动动嘴巴,越绕越精彩

找到不念早到,遭到不念招到,乱草不念乱吵,制造不念自造,收不念搜,昌不念仓,张不念脏,栽花不念摘花,自力不念智力,暂时不念战时,大字不念大志,一层不念一成,草木不念炒木,参加不念掺加,四十不念事实,三哥不念山歌,塞子不念筛子,俗语不念熟语,散光不念闪光,撒网不念纱网,三山不念山山。

3.说说、练练、记记、演演

诸葛亮拢眼神仔细打量,哎呀!好漂亮的周瑜啊,他身量儿不高不矮不胖不瘦,细腰窄背,双肩抱拢,他生得天庭饱满,地阁方圆,面如敷粉,双眉带秀,目如秋水,鼻如玉柱,口似丹珠,元宝耳朵,真是男生女相!周瑜这么漂亮?哎哟,在三国之中,那是一流的漂亮人物啊,不是吕布也漂亮吗?

吕布长得是挺俊,但是他可跟周瑜不一样,不是有那么句话吗?周瑜骄,吕布贱。吕布长得俊,他咸叽叽的,人家周瑜是干骨岔气,你再看这嘴角微微有点下垂,不但给人一种刚毅之感,而且流露出一点傲慢之态。

他头上戴一顶飞龙盔珠光缭绕,花冠鱼长,两棵雉鸡尾脑后飘洒,身穿素缎色锦袍,上绣银龙探爪海水江牙,宽片云锦腰横玉带,素白色中衣,足蹬一双素白缎子虎头战靴,左肋下悬一口落叶秋风剑,白鲨鱼皮鞘,银吞口银兽面银饰件,灯笼穗子素白色三尺多长随风飘摆,真可谓少年英俊,仪表堂堂!

这段贯口练习很有特色,将贯口和节目主持融合在一起,不但可以练"嘴皮子",还克服了训练的片面性和单一性,能更好地提升学生的综合能力。教师在引导学生训练时,要提醒学生注意主持部分和贯口部分语言风格的切换,避免破坏节目的观感,偏离节目主题。

二、作品表演训练

乡下老鼠进城记

李沐恩　宋护彬

扫码跟我练

乡下老鼠土老帽盖了新房子,请城里老鼠来做客。乡下老鼠拎起电话就对着城里老鼠发出邀请:"大佬倌,蒙早到污泥窝里箱,来白相白相呀!"电话那头的城里老鼠满口答应:"那好吧。明天见!"

隔天,大佬倌兴冲冲地敲门:"土老帽在吗?""赛宁?""是我,是我!"土老帽忙不迭地来开门:"哎哟喂,快进来,快进来!"

大佬倌进门四下里一瞧,皱着眉头说:"哎哟喂,你就住在这样的地方呀!嗯,寒舍——真的是寒舍——"

土老帽却喜滋滋地说:"污泥窝里箱蛮好鄂呀,有树林,有农田,有叫环多鄂珍珠米,弄听还有小鸟乐,还唱歌呢。"一边说着一边拿出青菜、萝卜、黄芽菜、黄瓜、冬菇、塔克菜……"随便吃,随便吃!"

看着满桌的蔬菜,大佬倌嫌弃地说道:"你就吃这些东西呀!土老帽——你家没意思。古德拜。"话音未落,人就没有了踪迹。

"噶许多好吃饿!勿吃,就跑特!哥么,伊到底吃额啥呢?"土老帽自言自语地说。

为了弄个明白,第二天一早,土老帽便出发了。刚一进城,就看到宽宽的马路、高高的楼房,他想要穿马路,汽车就开过来了,一辆接着一辆,川流不息……"哎哟喂,拍拍测测!"他吓得赶紧一溜烟地钻进下水道。里面臭烘烘的令人作呕,一路捏着鼻子总算找到了大佬倌的家。只见他正悠闲自在地吃着薯条,看着家里一桌子的食品,土老帽一个都不认识。"这个是果汁,那个是面,还有这个是……"大佬倌炫耀地介绍着自己丰富多样的零食。"我快渴死了,给我来杯水吧!"土老帽打断了大佬倌的话。只见大佬倌拿出一个铁罐子,只听"砰"的一声,"来,喝吧!"土老帽疑惑着接了过来,咕咚咕咚喝了几口,奇怪的事情发生了,突然,他打了一个长长的饱嗝:"呃……"随即,土老帽感觉肚子开始"咕噜咕噜"地直冒泡泡。土老帽一时手足无措。大佬倌连忙安慰道:"这叫可乐,没事儿,习惯就好。来来来,再吃几颗跳跳糖吧。"

"跳跳糖?跳跳糖又是什么东东?"土老帽正犹豫,大佬倌抓起一把就塞进了他的嘴里!

坏了!顿时"噼噼啪啪,噼噼啪啪",跳跳糖在土老帽嘴里炸开了锅,"我要爆炸了,我要爆炸了,城市的生活太可怕了!"土老帽一边想一边连滚带爬逃出了城市……

土老帽奔出好远,嘴里的糖还在"噼噼啪啪"地发出可怕的声响!他只好张着嘴巴,飞快地跑回了属于自己的家。

当布满星星的天空再次出现的时候,土老帽知道自己终于回来了!那树林,那庄稼,那一花一草,是多么的可爱啊……土老帽轻轻地说:"还是污泥窝里箱好呀!"

> **训练提示**

本则故事最大的亮点是在人物的语言中,加入了上海方言,让人物的性格更加灵动,也为讲述者的表演提供了丰富的养分。讲述中要将城里、乡下,土老帽、大佬倌的对比,生动刻画出来。若对上海方言不甚了解,也可替换成本地方言。

三、拓展活动

时间对于每个人都是公平的,请做时间的主人,可千万不要被时间"绑架"变身为一个气喘吁吁的陀螺呀!你们一定会好奇:怎么会被时间"绑架"?请仔细看下面这个故事吧。相信你们一定会有收获!

被时间"绑架"的小胖猪

程颖(改编)

小胖猪常常觉得时间不够用:计划去看日出的,等起了床,太阳都升到头顶了;计划去摘果子的,还没出门,天就已经黑了;计划周末去划船的,还没动身,就到了周一……

真希望时间能多一点,再多一点!小胖猪去找小女巫帮忙,得到了一个偷时间的咒语。小胖猪想,我马上就会有大把大把的时间了。小胖猪冲着公鸡偷偷地念了一句咒语,拿走了他的一部分时间;冲着小兔子偷偷地念了一句咒语,拿走了她的一部分时间;冲着小牛偷偷地念了一句咒语,拿走了他的一部分时间……

第二天,咒语见效了!拂晓时分,小公鸡总要起来打鸣的,可这一天,他睡着了!哎呀,小公鸡的拂晓时间被偷走了!从村口传来了什么声音呢?"喔喔噜——喔喔噜——"原来小胖猪偷走了小公鸡的拂晓时间,小公鸡打鸣的习惯也跟着来了。

清晨,小兔子还在睡觉,本来她每天都要起来练习跳灌木丛。不用说,小胖猪把她的清晨时间给偷走了。从山坡上传来了什么声音呢?"嘣嘣哎哟——嘣嘣哎哟——"谁让小胖猪偷走了小兔的清晨时间呢,他可没小兔跳得那么高,所以,老是跳进灌木丛里。到了上午,小胖猪一般还赖在床上呢。可今天不同了,今天小胖猪扛着小铲子出来了。小胖猪偷走了小牛的上午时间,而小牛每天上午,都会去打理他的菜地。这下好了,小胖猪在小牛的菜地里忙了整整一上午!当小胖猪一身臭汗地回到家里,想要舒舒服服地冲个澡时,又有一件事儿让他不由自主地动了起来。小熊为了能减肥,总是会在中午绕着大山骑上一大圈自行车。

天哪，小胖猪觉得自己快要被太阳晒化了，他这才想起来，自己偷走了小熊的中午时间。被晒得头晕眼花的小猪好想睡个午觉啊，可是不行——他偷走了小狗的下午时间啊……

到了晚上，小胖猪想，我总该好好地睡上一觉了吧？谁知道，小猪偷走了小猫的晚上时间。这下好了，小胖猪只好在黑暗处走来走去，看看会不会有老鼠！

"我再也不想偷别人的时间了！"小胖猪想，"要是都偷了过来，那小胖猪就不再是小胖猪了，而是变成一个忙得团团转的陀螺！"

训练提示

拓展活动之所以选取这则故事，是因为在表演中学生可以很贴切地将绘声绘色"话"故事的理念加以运用。本故事出现了众多角色，作为讲述者，需要仔细揣摩每个角色的体态、语言、性格，从而将它们准确、恰当、立体地呈现于舞台。

四、经典吟诵

画 蛇 添 足

（西汉）刘向

楚有祠者，赐其舍人卮酒。舍人相谓曰："数人饮之不足，一人饮之有余。请画地为蛇，先成者饮酒。"一人蛇先成，引酒且饮之，乃左手持卮，右手画蛇，曰："吾能为之足。"未成，一人之蛇成，夺其卮曰："蛇固无足，子安能为之足？"遂饮其酒。为蛇足者，终亡其酒。

（选自《战国策·齐策二》）

译文

楚国有个举行祭祀的官员，赐给他的几个亲近的小官员一壶酒。他们互相商量说："这一壶酒，几个人喝不够，一个人喝又多了一点。让我们在地上画蛇，先画成的人喝酒。"有个人先画好了，拿过酒来就要喝，他左手拿着酒器，右手又画起来，说："我还可以替它添上脚呢。"他还没画完，另一个人的蛇画好了，就夺过酒说："蛇本没有脚，先生怎么可以给他添上脚呢？"说完就把酒喝了。画蛇脚的人，最后失掉了他本可以喝到的酒。

第十二课　水缸的秘密

一、基础训练

1."话"画(｜停；／顿；︵语意未断、连接；↗上扬语势；↘下行语势；→平行语势)

草　芽

王立春

小草芽总是可着性子

满山遍野跑

就是︵跑到山坡上↗

也不肯／喘口气↘

年纪小小却嘴硬↘

石头批评他↗

他就把石头顶个跟头↗

土地批评他↘

他就把土地顶翻个儿→

唉↘

他还太小了

等开出了花↗

就懂事了→

> **训练提示**

这首诗歌充满童趣,很容易让读者产生喜爱之情。同学们在诵读的时候,可以联想自己调皮时的样子和神态,把一份童真表现出来。在表露真感情的基础上找到对应的朗诵技巧。

2.动动嘴巴,越绕越精彩

打南坡走过来个老婆婆,俩手托着俩筐箩。左手拖着的筐箩装的是菠萝,右手托着的筐箩里装的是萝卜。你说说,是老婆婆左手托着的筐箩装的菠萝多,还是老婆婆右手托着的筐箩装的萝卜多?说得对,送你一筐箩菠萝;说得不对,既不给你菠萝也不给你萝卜,罚你替老婆婆把装菠萝的筐箩和装萝卜的筐箩送到大北坡。

3.说说、练练、记记、演演

张家有个小英子,王家有个小柱子,李家有个小妞子,赵家有个小豆子。张家小英子,自己穿衣洗袜子,还给妹妹梳辫子。王家小柱子,天天扫地擦桌子,帮助弟弟叠被子。李家小妞子,扶起跌倒的小胖子,叫他不要哭鼻子。赵家小豆子,捡起一个皮夹子,还给失主大婶子。小英子和小柱子,小妞子和小豆子,他们都是好孩子。

训练提示

气息控制和运用是随着内容和情感意念的表达而变化的。要做到"吸气五大片,呼气一条线;气断情不断,声断意不断"。要把气息的控制和运用作为情感表达的手段。

二、作品表演训练

水缸的秘密

宋护彬(改编)

扫码跟我练

对于今天的人们而言,饮水、用水何等便捷。水缸是什么?不免要在脑海里搜索一阵子。那就让我们回溯那段苦难的岁月吧。

在江西瑞金沙洲坝流传着这样一首民谣:"有女莫嫁沙洲坝,天旱无水洗头帕。"道出的是沙洲坝常年干旱缺水的状况。住在沙洲坝的人一代又一代吃的是又脏又臭的塘水,乡亲们又何尝没有想过要挖井呢,而迷信的说法让他们一次次望而却步。

一天,红军军属杨大娘家和隔壁二婶家的水缸突然就满了,看着这清凌凌的水,杨大娘和二婶甭提有多开心了。让她们更没想到的是这样的好事每天都在上演着。难道是沙洲坝缺水的事情惊动了上天?二婶这样认为,可杨大娘却不信这个,她决定找出这水缸的秘密。

这天,两人坐在前院,纳着鞋底,杨大娘的眼睛却时不时注意着房前屋后的动静。真是功夫不负有心人,忽然,后门咯吱一声轻轻开了一条缝,杨大娘却不动声色,反而和二婶聊得声音更大、更开心了。后门的人见此情景,轻手轻脚往前,马上就要走到水缸近前了,说时迟那时快,只见杨大娘突然放下手中的针线,一个箭步冲了过去,一把拉住了水桶,连声说道:"哈哈,看你往哪儿跑,这下终于被我逮着了!"二婶这时才回过神儿来,一拍腿站了起来,恍然大悟地说道:"老天开眼了,感谢菩萨,菩萨显灵了!"一边说着一边上前打量起眼前这个送水的"活菩萨",只见此人身材高大,一身红军制服,更显挺拔英武!挑水人见已不能脱身,便轻轻放下扁担,微笑着拉起大娘的手唠起了家常:"您就是杨大娘吧?"又侧身朝二婶说道:"如果我没猜错,您就是二婶吧! 让老百姓受苦了……"眼前这人为何如此熟悉,又为何一时想不起,他是? 看着看着、瞧着瞧着,突然二人无比惊喜地喊出声儿:"您! 您是,您是毛主席!"说话间,两位老人家已是热泪盈眶了:"毛主席,您来了,您来看我们了! 您才是我们沙洲坝的大救星!"

"吃水不忘挖井人,时刻想念毛主席",从此,沙洲坝便有了这口红井,毛主席为乡亲们挑水的事儿很快传遍整个沙洲坝!

训练要求

时至今日,生活在安宁、幸福环境下的学生们,尤其需要红色经典革命故事不断地浸润他们的心灵,让学生们牢记今天的幸福来之不易,要格外珍惜。 故事中,大娘的淳朴、二婶的直率、毛主席的平易近人,让故事的人物性格显得丰满、鲜明。 对于表演者来说,当故事角色转化为我们熟悉的人物时,更需要准确拿捏人物语言、节奏、姿态,这样才能更好地驾驭角色。 训练中,教师需要带领学生了解故事背景、地方语言特色,进而准确、生动地再现这段感人至深的军民鱼水一家亲的佳话。

三、拓展活动

小鸭会孵蛋一点也不稀奇,可小黄狗孵蛋,你见过吗? 它的蛋,真的能孵出小黄狗吗? 这到底是怎么回事? 一起来看看下面这个故事吧。

黄狗孵小鸭

佚名

鸭子、老鼠和黄狗住在一个院子里。

有一天,鸭子生了第一个蛋,高兴地叫起来:"我生蛋了,我生蛋了!"赶快跑去向主人报喜。

调皮的老鼠跑来,拿起笔,在鸭蛋上左一下右一下地画了起来,画完就跑开了。鸭子回来一看:"咦,这是谁的蛋? 我的蛋,我的蛋哪儿去了?"她着急地绕着院子找啊找,找了一圈也没找到,回去再瞧瞧那个怪蛋:"啊,蛋上画着小狗的头。这一定是黄狗生的蛋。"

鸭子抱着蛋,气喘吁吁地找到黄狗说:"黄狗,这是你的蛋吧?"黄狗简直摸不着头脑,说:"不,不是,我根本不会生蛋。"

"这么说,一定是别的狗生的蛋,你看蛋上面还有小狗的头呢。黄狗,这个蛋就交给你吧,你再打听打听看谁丢了蛋。我不管了,我刚生的蛋一转眼就不见了,怎么都找不着,我得赶快去找……"话还没说完,鸭子就一溜烟地跑走了。

　　黄狗捧着蛋,感到很为难,他找了整整一天,走遍了整个村庄,也没找到会生蛋的狗。"唉,这蛋里还有一只小狗等着出壳,要是找不到妈妈,没人孵蛋,小狗就出不来啦,他会死在里面的啊!"黄狗急得来回踱步,望望天空,望望远处,望望院子,又望望手上的蛋,"唉,还是我来孵这个蛋吧。"

　　从那以后啊,黄狗从早到晚把这个蛋抱在怀里,期盼着小狗能早点破壳出来。躲在树后观望的老鼠见了,笑得前仰后合,简直都把肚皮给笑痛了。

　　就这样,日子一天一天地过去了,被紧紧搂在黄狗怀里的那个画着小狗头的鸭蛋一点动静都没有,可把黄狗累坏了。自从决定自己孵这个蛋,他就再也没睡过一个好觉。放旁边怕蛋冷着,放肚子下面又怕压坏,抱着睡又怕睡着了松手摔破……调皮的老鼠实在不忍心了,对黄狗说:"快别这样了,你孵不出小狗来的。"

　　黄狗强支着眼皮说:"你怎么知道孵不出来?时间还没到呢。"

　　过了几天,黄狗怀里的蛋真的破壳了,从里面蹦出来一只小鸭子。黄狗把小鸭抱在怀里,正觉着奇怪,老鼠挠挠头,难为情地说:"是,是,是我在鸭蛋上画了小狗头。"黄狗吃惊地看看老鼠,又看看怀里的小鸭,轻轻地抚摸着,微笑着说:"可是,我总算没白费力气呀!"

训练要求

　　虽然明知道那个蛋不是自己的,但黄狗还是对它倾尽爱心,把小鸭孵出来了,他用行动告诉我们:爱心是没有界限的。本故事角色不多但个性鲜明,鸭子的急切、老鼠的调皮和黄狗的憨厚、善良,应该是比较容易把握的,同学们试着综合运用语言、神态和肢体动作来刻画人物吧。

四、经典吟诵

曾 参 教 子

　　曾子之妻之市,其子随之而泣。其母曰:"女(rǔ)还,顾反为女杀彘(zhì)。"妻适市来,曾子欲捕彘杀之。妻止之曰:"特与婴儿戏耳。"曾子曰:"婴儿非与戏也。婴儿非有知也,待父母而学者也,听父母之教。今子欺之,是教子欺也。母欺子,子而不信其母,非以成教也。"遂烹彘也。

(选自《韩非子·外储说左上》)

译文

　　曾子的妻子要到集市上去,儿子跟在后面哭。他的母亲说:"你回去,等我回来为你杀猪。"妻子从集市上回来,看到曾子正要捉猪来杀。她赶紧制止道:"你怎么当真了呢,我不过是跟孩子开个玩笑罢了!"曾子说:"可不能跟小孩开玩笑啊。孩子小,模仿父母而学习,听从父母的教育。现在你欺骗他,这是在教孩子撒谎啊。做母亲的欺骗了孩子,孩子就不相信母亲说的话了,以后教导起来就难了。"于是曾子把猪杀了,煮了肉给孩子吃。

第十三课 误笔成蝇

一、基础训练

1."话"画(│停;╱顿;⌒语意未断、连接;↗上扬语势;↘下行语势;→平行语势)

找 梦

田地

我一睡觉,↗

梦就来了。→

我一醒来,↘

梦就去了。→

梦从哪里来?↗

又到哪里去?↘

我多么想知道,

想把它们⌒找到!

在枕头里吗?↗

我看看——没有。

在被窝中吗?↗

我看看——没有。

关上门也好;↗

关上窗也好;↘

只要一合眼,

梦⌒就又来了。

训练提示

这首童诗,让我们仿佛看到一个纯真孩子好奇懵懂的样子。因此,朗诵时要运用活泼俏皮的语气去表现,同时,眼神中要表现出在寻找时空间、方位的变化,也要做出遍寻无果时的色彩变化。诗歌对仗工整,文字虽少,通过朗诵技巧却能将诗歌中最常见的抑、扬、顿、挫表现出来。授人以鱼,不如授人以渔。教师可以放手让学生自主完成对诗歌内容的理解,自主完成训练。

2. 动动嘴巴,越绕越精彩

打南边来了个瘸子,手里托着个碟子,碟子里装着茄子。地上钉着个橛子,绊倒了瘸子,撒了碟子里的茄子,气得瘸子,撒了碟子,拔了橛子,踩了茄子。

> ❗ **训练提示**

上述绕口令为共鸣控制训练,共鸣控制旨在提高发声效率,改善声音质量。发音时双唇集中用力,下巴放松,打开牙关,喉部放松,提颧肌、颊肌、笑肌,在共同运动时,嘴角上提。可以试着张口吸气或用"半打哈欠"来体会喉部、舌根和下巴放松的状态。

3. 说说、练练、记记、演演

刀枪剑戟,斧钺钩叉,镋镰槊棒,鞭锏锤抓,拐子流星,带楞的,带刃儿的,带戒绳的,带锁链儿的,带倒齿勾的,带峨眉刺儿的。

刀有单刀、朴刀、鬼头刀、长柄短刃刀、青龙偃月刀、崩童户撒刀、三尖两刃刀、子午鸳鸯刀、金川士可刀、曲刃凸背刀、鱼鳞紫金刀、腰刀、掉刀、驴耳刀、屈刀、戟刀、眉尖刀、御林大刀、行刑刀、黑旗大刀、山头刀、牙柄腰刀、鳝鱼头刀、吉良环柄刀、狮子环长刀……

二、作品表演训练

误 笔 成 蝇

鸥易和　宋护彬

每一个成语故事,都有着深刻的寓意,或给人启迪,或令人振奋,今天我们就来讲一讲误笔成蝇这个故事吧。

话说三国时期,吴国著名画家曹不兴,有次被吴王孙权叫到宫内,为名贵屏风上的绢素配画。曹不兴提笔蘸墨正准备画,一不小心笔误点到绢素上,留下一个小黑点,旁边的人都替他担心。曹不兴端详墨点

扫码跟我练

片刻,突然又添了几笔,一只苍蝇跃然纸上。画好后呈给孙权。孙权连声赞叹,忽然发现画上有一只苍蝇,用手去弹无果,再定睛一瞧,方知这才是画龙点睛之笔,孙权哈哈大笑:"好个曹不兴,画技果然了得!"

听了这个故事,大家肯定都被曹不兴的高超画技所折服。但是让我感受最真切的却是曹不兴的处变不惊,能在失误后沉着应对,将误笔变成绝妙之笔,正所谓"泰山崩于前而色

不变,麋鹿兴于左而目不瞬"）！这不禁让我联想到自己。

作为一名小学生,我有着广泛的兴趣爱好。在众多兴趣爱好中,我最喜欢的就是朗诵与主持。我很希望自己有一天能像凯叔、撒贝宁一样,在聚光灯下依然能言辞流利,自信满满,完全掌控住舞台的节奏,给观众带来愉悦的盛宴。不过舞台虽令人向往,但不是每个人都能驾轻就熟,俗话说"台上一分钟,台下十年功"。

经过不断的努力,机会终于降临在我身上。有次云南小朋友来我校联欢,学校决定由我来主持节目,为了能够更好地完成任务,我做足了功课。终于激动人心的时刻到来了,当掌声响起时,我经历了从紧张到激动的蜕变,我也渐入佳境,听着台下此起彼伏的掌声,我感受到了成功的喜悦。正当我沾沾自喜时,两位老师来到我面前,跟我说接下来的三个节目的顺序要临时调整！啊？这可如何是好？因为节目顺序的调整,就意味着主持串词要重新编写,可是此时此刻又哪有时间留给我思考呢？说话间上一个节目已演出完毕,掌声已经响起,我没有思考的余地就走上了舞台,脑中一片空白,不由自主张嘴便说:"接下来请欣赏舞蹈《美丽的金孔雀》!"此话一出,便意识到自己还是把顺序弄错了,这可怎么办？对,不就是报错节目了吗？我有能力解决！短暂的紧张之后,我又恢复了平静,转头向一侧看了看,诙谐地说道:"这只来自云南的金孔雀,今天为了把她独特的美丽留在这里,还在精心地准备。同学们,我们再给她一点时间好吗？"舞台下的同学异口同声地回答:"好!"顿时,我再次找到了感觉,接着说:"好,那我们先来欣赏葫芦丝演奏《采蘑菇的小姑娘》……"

这次舞台"危机"就这样被我巧妙地化解了。演出结束后,来自云南的老师们向我竖起了大拇指！经历了这次事件,我理解了老师说的"舞台上只有自己能救自己"！是啊,我的舞台我做主！

误笔成蝇让我体会到了沉着冷静的应变能力;

误笔成蝇让我感受到了一种力挽狂澜的力量;

误笔成蝇让我获得了面对一切突发状况应有的信心。

我相信误笔成蝇能够让所有同学在成长的道路上都稳步前行！

谢谢大家！

训练要求

故事从一则成语开始,作者从中得到启发,随之话锋一转,将更多笔墨用在了成语与"我"现实生活中的点滴联系上。故事语言虽无许多华丽词汇,却朴实、贴近生活,也正因为如此,学生在表演中,可以更好地说自己的生活、说自己的话,让表演变得有血有肉。相信我们的学生只要具有一双善于观察的眼睛、天马行空的想象力、丰富的情感,就可以创编出最适合自己表演的好作品。

三、拓展活动

习近平的青春成长故事如今常被提起。听了习近平的经历,有青年感慨:"总书记是我们的学习榜样和人生导师,他的个人成长经历为我们的学习和成长带来了无尽动力。"习近平勉励广大青年在成长和奋斗中,要正确对待一时的成败得失,处优而不养尊,受挫而不短志,使顺境、逆境都成为人生的财富而不是人生的包袱。今天,就让我们一起重温、学习其中的一个小故事吧。大国远航的征程,需要高瞻远瞩的掌舵者。民族复兴的使命,呼唤勇毅担当的领路人。

赠人玫瑰,手有余香

弓楷明(改编)

1969 年的陕北还是一片漫无边际、光秃秃的黄土高坡。就在这一年,有一群北京知青被送到延川县文安驿公社梁家河村去"上山下乡"。在这落后、荒凉的村庄里,乡亲们对这帮年轻人、对北京都充满了好奇,人人都在心里嘀咕着他们是什么出身,北京又是什么样子的。这群年轻人中间就有当时只有 16 岁的习近平。刚开始,大伙儿对一切都不太习惯,乡亲们也不太适应,所以,当他们看到不解的或是没见过的事情时,误会自然就产生了。

有一天,习近平在整理书包时,看到书包里剩了半个面包,由于这个面包的时间太长了,不新鲜了,就随手把它扔给了门口的一只狗。有乡亲看到后,问他那是什么,习近平说是面包。而"面包"在当时对乡亲们来说,见都没见过,更别提吃了。所以,在他们看来,"面包"是十分稀罕的东西。也因此,当习近平拿面包喂狗的时候,乡亲们都觉得不可思议。这件事情本是小事,是个误会,可越传越远,后来,甚至整个延川县都知道他的这件事。

幸而,"路遥知马力,日久见人心"。

当时知青有补贴,能吃到蒸玉米团子、高粱米团子,老百姓当时只能吃糠窝窝。这种糠窝窝,就是推磨剩下的玉米皮之类的。团子是棕红色的,有些粗糙的捏在一起都很困难,更别说要咽下去了。在山上吃饭的时候,知青吃的玉米团子是黄澄澄的,老乡一看,就说:"你们知青吃的这是真粮食。"习近平拿起老百姓的糠团子一看,确实差了很多,于是他就用他的玉米团子和老乡换饭吃。一起劳动的老乡就夸奖说:"小伙子肯吃苦,吃东西一点也不挑。"他们都知道他的情况,但看到他并不娇生惯养,而且把好一点儿的粮食分给老乡吃,自己主动吃糠咽菜,十分钦佩。

还有一次,几个老乡对习近平说:"集上有个讨吃老汉,说是你爸爸原来的警卫。听说你在这儿,要来找你呢!"习近平说:"那我去看一下。"结果,过了一会儿,文安驿集上就轰动了,有从集上过来的人说:"刚才,近平在街上,碰见了讨吃老汉,说是他爸爸过去的警卫。

他就把身上的钱、陕西省粮票、全国粮票,都掏光了,给了那个老汉,还把外套也脱下来给了人家!"在那个物质极为匮乏的年代,粮票是很重要的。当时习近平的经济也很拮据,钱和粮票并不多。那时已近冬天,陕北已经开始冷下来了,习近平竟然把衣服也脱下来给了那乞食老汉。他这样做,可以说是倾其所有、倾囊相助了。回到梁家河,有人问:"你当时有没有问那个老汉是真的假的呀?"习近平说:"他能叫得出我妈妈的名字,能说得上我姐姐的名字,此外还有一些事情,他说的也都对得上。我现在是个普通农民,他骗我什么? 他不会骗我的。"

习近平就是这样用自己点点滴滴的实际行动帮助乡亲们,为他们解决各种难题,化解了乡亲们之前的误解,大家也开始喜欢上这个"肯吃苦、有知识、点子多"的小伙子了。

"赠人玫瑰,手有余香"。这种舍己为人、乐善好施的高尚品质,是中华民族传统美德的具体体现。时代在变,时间在变,不变的是我们传承优秀品质的心。新时代的少先队员应该学习习近平乐于助人的精神,用实际行动去感受友善、奉献、关爱他人的无穷快乐,去领略新时代的别样风景,为实现伟大复兴的中国梦添上温暖的一笔!

四、经典吟诵

狐与葡萄

昔有一狐,见葡萄满架,万紫千红,累累可爱,垂涎久之。奈无猿升之技,不能大快朵颐。望则生怨,怨则生怒,怒则生诽,无所不至。乃口是心非,自慰曰:"似此葡萄绝非贵重之品,罕见之物。况其味酸涩,吾从不下咽。彼庸夫俗子方以之为食也。"

此如世间卑鄙之辈,见人才德出众,自顾万不能到此地步,反诋毁交加,假意清高。噫,是谓拂人之性,违心之谈也。

（选自《意拾喻言》）

译文

从前有一只狐狸,看见葡萄长满了藤架,万紫千红,一串串的十分可爱,看了很久,口水都流了出来,但无奈没有猿猴那样的上树技术,不能吃到它。望了很久就生出怨气来,有了怨气就生出恼怒,恼怒起来就生出诽谤的心思,没有它责怪不到的地方。于是口是心非,自己安慰自己说:"像这样的葡萄肯定不是贵重的东西,不是什么罕见的东西。何况它的味道又酸又涩,我从来不吃这样的东西。你们这些庸俗的人才以它为食呢。"

世上这般卑鄙的人,看见别人文才德行都很出众,考虑自己不能达到这样高的境界,反而诋毁交加,自己假装清高。唉,这就是所谓违背人的本性,违背自己内心的说法啊。

第十四课　我的家在哪里

一、基础训练

1."话"画（│停；／顿；⌒语意未断、连接；↗上扬语势；↘下行语势；→平行语势）

天上的街市

郭沫若

远远的街灯明了，↗

好像闪着／无数的明星。

天上的明星／现了，↘

好像是点着／无数的街灯。

我想那缥缈的空中，↗

定然有美丽的街市。↘

街市上陈列的一些物品，⌒

定然是⌒世上没有的珍奇。

你看，↗那浅浅的天河，

定然是不甚宽广。

那隔着河的牛郎织女，⌒

定能够／骑着牛儿来往。

我想他们此刻，⌒

定然在天街闲游。

不信，请看那朵流星，↗

是他们提着灯笼│在走。→

💡 **训练提示**

诗歌通篇运用联想，由街灯联想到了明星，又由明星联想到了街灯。引用民间传说，寄托希望。

诗人没有像民间故事那样写牛郎织女，而是把他们塑造成自由的形象，这是因为他希望人间是自由、幸福的。作者是借改造后的牛郎织女的形象来寄托自己的理想，表达对美好生活的追求。用词准确，富有表现力。节奏和谐、优美，朗朗上口。朗诵训练时，教师切忌为技巧而技巧,而应从挖掘文字画面、情感入手,将用语言"话"画理念贯穿于训练之中,在"话"画中找到技巧。

2. 动动嘴巴,越绕越精彩

(1)i和ü韵母对比辨读练习。

i和ü的发音舌位的高低前后相同,区别在于唇形,发i音时唇形不圆,呈扁平状;发ü音时唇形是圆的。

(2)绕口令练习。

老齐欲想去卖鱼,巧遇老吕去牵驴。老齐要用老吕的驴去驮鱼,老吕说老齐要用我的驴驮鱼就得给我鱼,要不给我鱼就别用我老吕的驴去驮鱼。二人争来争去都误了去赶集。

李丽栽了一园李,吕理栽了满园梨。李丽摘李送吕理,吕理摘梨送李丽。吕理向李丽学栽李,李丽向吕理学栽梨。吕理和李丽,互相来学习。

> **训练建议**

在训练过程中,同学们不妨对镜练习,注意体会唇形的变化所形成的不同发音。当持续发i音时逐渐收敛嘴唇,使它变圆,就会发出ü音;相反,持续发ü音时逐渐放开嘴唇,使之扁平,就会发出i音。

3. 说说、练练、记记、演演

黑暗的旧中国,地是黑沉沉的地,天是黑沉沉的天。灾难深重的人民呀,你身上带着沉重的锁链,头上压着三座大山。你一次又一次地呼喊,一次又一次地战斗,可是啊,夜漫漫,路漫漫,长夜难明赤县天……

亲爱的同志们啊!你可曾记得,在那战火纷飞的黎明,在那风雪弥漫的夜晚,我们是多么向往啊!向往着胜利的一天。

这一天终于来到了!看呐,人人挂着喜悦的眼泪,个个兴高采烈,流水发出欢笑,山冈也显得年轻,他们在倾听,倾听,倾听着这震撼世界的声音:中华人民共和国诞生了!中国人民从此站起来了!

> **训练提示**

音高由声带的长度变化控制。音高练习的目的,是增强声带伸缩的肌肉力量和对声带长度变化的控制能力,从而加强语言的表现力。

二、作品表演训练

我的家在哪里

宋护彬（改编）

扫码跟我练

又是一年春来到。南方虽美，但回想起那北方老房的屋檐，那跳动着调皮水花儿、荡漾着欢乐笑声的清澈小河，河边那片郁郁葱葱的树林，小燕子忍不住嚷着："妈妈，妈妈，我想家了！"燕妈妈温柔地说："是啊，家乡空气新鲜，环境优美，妈妈这就带你回家！"

小燕子和妈妈踏上了回家的旅程。他们展开翅膀，勇敢地飞过巍峨的高山，闪电般掠过茂密的树林。终于，一条小河的轮廓出现在他们眼前。小燕子快乐地扇着翅膀："妈妈，就是这条小河，我们到了！"妈妈微笑地点着头。

忽然，她又皱起了眉头："孩子，那片树林……"小燕子也突然大叫起来："妈妈，为什么，树林不再翠绿，花儿不再盛开，河水不再清澈了呢？"他们疑惑不解地看着这曾经无比熟悉而现在如此陌生的家园。

就在这时，一个微弱的声音从河里传来："小燕子……"小燕子循声望去，一条瘦骨嶙峋的鱼儿探出了脑袋，喘着气。小燕子瞪大了眼睛："这不是我的好朋友小鱼儿吗？你怎么了？是不是生病了？"小鱼儿无力地摇摇头，抽泣着："自从你们走后，这里建造了化工厂，肮脏的废水源源不断地流进我们的家园，四周的美景也一去不返，可怜我的小伙伴们，正在一条条窒息死去……"

听着小鱼儿的述说，停在枯树上的小鸟再也忍不住，直冲到河边大声鸣叫："自从你们走后，人们开始砍伐树木，毁坏森林。如今，我们的家没了，我们的快乐也没了……"燕子妈妈和小燕子刚想安慰，天空飘来一阵浓浓的黄色烟雾，呛得大家咳嗽连连。小鱼儿和小鸟有气无力地说："燕子妈妈，你快带着小燕子，逃走吧！去找一个没有污染的地方安家吧！"

家没了，快乐没了！去哪里才能找到属于他们的"新家园"呢？

训练要求

小燕子作为北方春天的使者，给我们童年带来无限欢乐。而随着社会的发展、科技的进步，许多美好逐渐消逝在我们的视野中……人们开始怀念起那莺燕桃李般绚烂的春天，怀念那片绿色、那片清澈、那片欢乐……

故事虽是童话题材，但值得每一个人深刻反思。每一生命个体都有生存的权利，因此我们人类要爱护小动物。我们在讲述故事时，必须要真情实感：家乡无限美好的憧憬和残酷现实之间的落差,让观众的心慢慢沉静下来,开始反思。对于故事中小鱼儿和小鸟的痛心独白,要反复琢磨,在语言、节奏、色彩、停顿等方面做出准确、恰当的分析和处理。

三、拓展活动

狐假虎威的故事大家都很熟悉,狡猾的狐狸用计骗过了老虎,让老虎以为狐狸才是最厉害的。可是,骗局总有一天会真相大白的,老虎明白过来以后会怎么做呢?他会放过狐狸吗?请你发挥想象,续写一篇小故事吧。

狐假虎威后传

邵岩

自从狐狸骗过老虎,侥幸逃走之后,老虎一心想着要报仇,在森林里到处找狐狸。找了半天,却连狐狸的影子都没看到。老虎气得跺了跺脚,震得整座森林都抖三抖,心想:这次找到狐狸一定要把它吞下肚!

狐狸知道了这消息以后,心叫不好,眼珠"咕噜"一转,便心生妙计。

一天下午,狐狸故意找到了老虎。老虎见了狐狸先是愣了一下,然后扯着嗓门大声吼道:"我正要去找你呢,你倒自己送上门来了。""大王息怒啊,我这次来可是要禀报大王一件重要的事儿,"狐狸一脸诚恳地说,"据说山脚下那条河河底住了一头巨大凶猛的野兽,声称自己才是这个森林的主人。您快去看看吧!别让他逞了威风。"老虎听完火冒三丈,气得瞪直了眼:"是谁这么大的胆子,敢在我面前称王?我倒要见识见识他到底有多大的本事。"

狐狸领着老虎来到一条水流湍急的河边。狐狸毕恭毕敬地指着河里老虎的倒影说道:"大王!这就是那个狂妄自大的家伙!"老虎冲着河里的倒影挥了挥拳头:"就你这个家伙还敢跟我逞威风!我今天就让你见识见识我的厉害!"正当老虎说着,河里的倒影也挥了挥拳头,怒气冲冲地瞪着老虎。老虎见眼前的这个家伙如此嚣张,便朝着天空大吼一声。没想到,河里的那个家伙竟然也朝着老虎大吼一声。狐狸见状,便在一旁煽风点火。这不点不要紧,一点就把老虎的火气全点上来了。老虎"扑通"一声扑进水中,"咕噜咕噜"喝了好几口水,才得知自己上了狐狸的当。老虎拼命地在水里挣扎,可是已经来不及了,湍急的水流早已把它冲得不知去了哪里……

就这样,狐狸再一次骗过了老虎。

四、经典吟诵

鸡 鸣

佚名

鸡既鸣矣,朝既盈矣。匪鸡则鸣,苍蝇之声。

东方明矣,朝既昌矣。匪东方则明,月出之光。

虫飞薨薨,甘与子同梦。会且归矣,无庶予子憎。

(选自《诗经》)

译文

公鸡喔喔已叫啦,上朝官员已到啦。这又不是公鸡叫,是那苍蝇嗡嗡闹。

东方蒙蒙已亮啦,官员已满朝堂啦。这又不是东方亮,是那明月有光芒。

虫子飞来响嗡嗡,乐意与你温好梦。上朝官员快散啦,你我岂不让人恨!

第十五课　总角之智

一、基础训练

1."话"画(｜停;／顿;⌒语意未断、连接;↗上扬语势;↘下行语势;→平行语势)

秋天的故事

武梦溪

我｜是一株小草,⌒

珍惜着秋天的阳光,

我看见菊花／在争奇斗艳地／绽放。↗

我很惊奇,

噢! 冷飕飕的秋风中／还有／花儿开放。↗

我是一颗｜丰满的稻谷,↘

金色的季节里｜我笑弯了腰,↘

汗水／挡不住农民脸上的笑容,↗

啊! 是秋天给了他们欢乐。→

我│是一片树叶，

寒风带着我／离开了妈妈，⌒

飘到她的脚下／过冬。→

我│是一株小草，

我是│一颗稻谷，

我│是一片树叶，我是……⌒

我已经／祝福了菊花，↗

我已经／笑弯了腰，↘

我已经／飘到妈妈的脚下，↗

我已经……→

我们向│秋天／问好，

秋天——美丽的季节，

我们在不同的地方，⌒

见证了你│五彩缤纷的│作品。

训练提示

上面这首诗已为同学们标注技巧符号，请大家想一想、练一练，这样标注的原因是什么呢？合理吗？你们有不同的意见吗？

2.动动嘴巴，越绕越精彩

(1)o 和 e 对比辨读。

o 和 e 发音的区别主要在于控制嘴唇的形状。发 o 音时嘴唇是圆的，发 e 时嘴角向两边展开，嘴唇不是圆的。

(2)绕口令练习。

阿伯搞文科，阿婆爱唱歌，阿伯填词阿婆唱，大家听了笑呵呵。

河边住的姓薄，船上住的姓何，老薄上船找老何，老何上岸找老薄。

训练建议

不改变舌位，持续发 o 音时把嘴唇展平呈扁形，就可发出 e 音；不改变舌位，持续发 e 音时把嘴唇收拢呈圆形，就可发出 o 音。

3.说说、练练、记记、演演

你别看就那么两间小门脸儿，你别看屋子不大点儿，你别看设备不起眼儿，可售货员的服务贴心坎儿。有火柴，有烟卷儿，有背心儿，有裤衩儿，有手电、蜡烛、盘子、碗儿，有刀子、勺子、小饭铲儿。起早儿贪晚儿,买什么都在家跟前儿。

训练提示

儿化是普通话的主要语音现象。所谓"儿化",是指字音的韵母因为卷舌作用而发生音变的现象。在韵母发音的同时,把舌尖向上卷起,注意不要先卷舌后发音。

二、作品表演训练

总 角 之 智

宋护彬(改编)

扫码跟我练

12岁在古时候,被称为总角。总角之年的你,能做些什么?又会做些什么?这个故事的主人公在他年仅12岁的时候,已经孤身智斗日本鬼子了。

个头不高的海娃是龙门村儿童团团长。这天,他要去送一封重要的信,正巧炮楼里的鬼子都进山去抢粮食了,只剩下"猫眼司令"和几个鬼子兵。不敢耽搁,海娃连忙动身出发了。

路走了一半都很顺利,海娃深知这封信的重要性,不知不觉中他再次挥起长鞭,羊群也似乎看懂了海娃的心思,走得更快了。突然,一阵阵刺耳的机器轰鸣声让羊群顿时变得躁动不安起来,最让人揪心的事情还是出现了,只见一队日本兵的摩托车正朝这儿驶来……

怎么办?日本鬼子过来一定会搜查,信就在身上,一旦被他们发现,信上的秘密就会泄露,后果不堪设想啊!可看看自己身上除了一件破汗衫和几乎露出脚指头的布鞋,信怎么藏得住呢?这可怎么办,怎么办!海娃急出了满头大汗,咩咩咩,咩咩咩,一声声的羊叫声,让海娃更加焦躁不安,"我都快急死了,羊儿,别叫了,别……"话儿说到一半,看着眼前的这群羊,他的眼睛顿时亮了……

"八嘎,站住!"大声呵斥海娃的人正是日本头子猫眼山本。海娃立刻装出一副战战兢兢的样子,低着头小声说:"是,太君。""你这是要去哪里?""回太君话,小的在赶羊去舅母家贺寿。这不,得快着点,这样我可以得到一碗寿面,我,我已经两天没吃饭了……"海娃一边说一边把手放在瘪瘪的肚皮上。"什么?寿面?"听着海娃的话,山本的眼睛突然变得贪婪,看着眼前的羊群说道:"寿面味道不好,羊肉的滋味大大地好!"说着手一挥:"把这些羊统统带回去,晚上我们就吃烤全羊了!""不不不!太君,这羊你们可不能带走,不能呀!"一边说着,海娃一边冲过去就要抱那只头羊,谁料被山本的皮靴狠狠地踢了一脚,摔在了路边。趴在地上的海娃顾不得疼痛皱着眉头思忖着:"我在!羊在!羊在!信在!我绝不能离开头羊半步!"想到这里,海娃站起身来,拍着裤脚的土灰,毕恭毕敬地说道:"太君,羊群只听我小羊倌的话,就让我帮你们把羊赶回去吧!"海娃一脸委屈地看着山本继续说道:"可我那碗寿面怎么办呢?""哈哈哈哈哈,好,寿面大大地有,羊肉也赏你!乖乖地赶着羊在前面,要是敢耍花招,八嘎!"山本做了个砍头的动作。海娃忙不迭地点头称是。

吱吱羊油滴落在柴火堆上,篝火越烧越旺,夜空红透了半边,看着此刻酒足饭饱的日本鬼子,个个睡得像死猪一般,海娃蹑手蹑脚来到了羊圈,看着安然无恙的头羊,冲上前激动地抱着它……

此刻,夜变得安静了,天上的星星眨着眼睛,为海娃照亮了前行的路。故事讲到这里,同学们一定都猜到了,没错,机智的海娃在日本鬼子到来前,把信藏在了头羊肥厚的尾巴里,就这样有惊无险,将信安全送到了隐蔽在山上的八路军张连长手中。对了,告诉大家,八路军得到这封信后,来了一个夜袭炮楼,把猫眼山本和日本兵来了一个一锅端,大获全胜!这正是自古英雄出少年,总角之智铭于心!

训练要求

耳熟能详的海娃送信取材自经典革命故事《一封鸡毛信》。本则故事虽脱胎于此,但在保留故事原貌的基础上,特别在故事舞台表演方面,丰富了一些情节,从而让故事更加饱满,补充的对话不仅能让故事情节更加紧凑、紧张,富有悬念,更能彰显故事表演者的语言魅力。相信这些扣人心弦、推动剧情发展的对话一定能为学生的表演锦上添花。训练中,教师要对学生讲革命故事的表演基调进行准确拿捏,不断调整,使其庄重而不失有趣。同时也希望教师能经由此篇改编稿得到启发,让更多优秀的革命故事能够重新焕发生命力,得以代代相传。

三、拓展活动

《面条》选自《咸有咸的味道,淡有淡的味道》,是一篇散文,却以娓娓道来的讲故事的方式呈现出作者记忆中的往事。作者通过动词——抻、睁等,将一碗炸酱面的美味淋漓尽致地呈现了出来!学生在"话"的过程中,务必注意凸显京腔、京味儿,手势的细致拿捏,方能活灵活现地表现出一个老饕(也就是如今所说的吃货)可爱的形象来!课外时间让我们尽情地品读其中的滋味吧!

面　条

梁实秋

我是从小吃炸酱面长大的。面自一定是抻的,从来不用切面。后来离乡外出,没有厨子抻面,退而求其次,家人自抻小条面,供三四人食用没有问题。用切面吃炸酱面,没听说过。四色面码,一样也少不得,掐菜、黄瓜丝、萝卜缨、芹菜末。二荤铺里所谓"小碗干炸儿",并不佳,酱太多肉太少。我们家里曾得高人指点,酱炸到八成之后加茄子丁,或是最后加切成块的摊鸡蛋,其妙处在于尽量在面上浇酱而不虞太咸。这是馋人想出来的法子。北平人没有不爱吃炸酱面的。有一时期我家隔壁是左二区,午间隔墙我们可以听到"呼噜——呼噜"的声音,那是一群警察先生在吃炸酱面,"咔嚓"一声,那是啃大蒜!我有一个妹妹小时患伤寒,中医认为已无可救药,吩咐随她爱吃什么都可以,不必再有禁忌,我母亲问她想吃什么,她气若游丝地说想吃炸酱面,于是立即做了一小碗给她,吃过之后立刻睁开眼睛坐了起来,过一两天病霍然而愈。炸酱面有起死回生之效!

我久已吃不到够标准的炸酱面,酱不对,面不对,面码不对,甚至于醋也不对。有些馆子里的伙计,或是烹饪专家,把阳平的"炸"念作去音炸弹的"炸",听了就倒胃口,甭说吃了。当然面有许多做法,只要做得好,怎样都行。

四、经典吟诵

凿 壁 借 光

匡衡,字稚圭,勤学而无烛,邻居有烛而不逮,衡乃穿壁引其光,以书映光而读之。邑人大姓文不识,家富多书,衡乃与其佣作而不求偿。主人怪问衡,衡曰:"愿得主人书遍读之。"主人感叹,资给以书,遂成大学。

(选自《西京杂记》)

译文

匡衡勤奋好学,但家中没有蜡烛照明。邻家有灯烛,但光亮照不到他家,匡衡就把墙壁凿了一个洞引来邻家的光亮,让光亮照在书上来读。同乡有个大户人家不识字,是个有钱的人,家中有很多书。匡衡就到他家去做雇工,却不要报酬。主人感到很奇怪,问他为什么这样,他说:"主人,我想读遍你家所有的书。"主人听了,深为感叹,就把书借给他读。于是匡衡成了大学问家。

第三章　绘声绘色"话"诗歌、"话"主持

　　本章将着重于对中华传统口语表达形式的传承与发扬：融入年歌、贯口、快板、评书、戏曲等，旨在帮助学生提升语言表达能力的同时，使其能从传统文化中汲取内在的精神力量。加入主持的训练，力求在传统文化的滋养下，在提升学生语言表达能力的同时，提高学生编写文稿的能力，从而达到"写"与"话"的共同进步。

　　真正的主持人，既要善写，又要会"话"，既要有文才又要有口才，这才是学习主持的精髓所在。

第　一　课

一、扣人心弦——传承与发扬

快板书·共战疫情

梁义琴

庚子鼠年风云变,疫情突发源武汉。

全国各地有扩散,你我公民该咋办。

不要焦虑和慌乱,请听官方来判断。

不信谣言莫受骗,把过节方式来改变。

网络拜年互祝愿,不去串门不见面。

没有特殊都不见,待在家里最安全。

不要上街逛商店,没事不要到处串。

防护意识要加强,莫拿无知来挑战。

没事烧顿好菜饭,全家围坐电视看。

开窗通风保清洁,空下再把身体练。

太极木兰少林拳,练出身心体魄健。

出门必须口罩戴,回来外套脱外面。

进门要把手来洗,肥皂酒精擦几遍。

不要嫌烦保安全,为了华夏和武汉。

病毒无情人有情,举国上下迎考验。

白衣天使逆行走,南山院士在一线。

火神山上战地忙,雷神山上齐奋战。

三山发威战魔鬼,来把瘟疫一锅端。

金银潭里传喜讯,转危为安回家转。

你我公民皆战士,共同打好防疫战。

自觉维护和隔离,不给国家再添乱。

天佑华夏过劫难,万众祈福来祝愿。

众志成城一条心,冬去春来大地艳。

训练指导

2020 年,一个曾被寓意为"爱你爱你"的特别年份,却因为新型冠状病毒肺炎疫情的蔓延,成为一个值得十四亿民众铭记的不同寻常的庚子鼠年……人类,曾经一度自诩为大自然的掌控者,却一再因为口腹之欲,盲目追求利益而违背自然法则,大肆捕杀甚至食用野生动物!大自然貌似以静默回应人类的贪婪,却在 2020 年这个特别的年份用一场疫情,给我们以沉重的警告!疫情面前,无人是一座孤岛。面对疫情的肆虐、传播,中华儿女万众一心,各行各业,都在努力,齐心协力共克时艰,打好疫情防控保卫战!这段作品便是上海朗诵协会梁义琴根据这段特殊经历创作而成,作品押韵,将如何更好防御疫情的传播,用近乎白话的方式生动地表现出来。希望大家能引以为戒,养成良好的生活习惯,学会爱护大自然,和大自然和谐共处!作品句式对仗工整,节奏并无太大难点,因此在训练时,教师应更多地关注学生声音色彩的变化,做到身段挺拔,声音洪亮。

二、惟妙惟肖——话故事

心太小的兔子

兔子在屋里,忽然听到门口传来一阵声响,它打开门,呀!自己门口的篱笆被推倒了。"是谁?"兔子看见熊远去,正想向前去追,又停住了脚步,"追上了又能怎样,自己又打不过他。"兔子回到屋里,越想越生气:"不就凭着自己力气大吗?损坏了别人的东西也不道歉!"兔子想出门玩,没心情;吃水果,没胃口……兔子在屋里踱来踱去,心里的火气越

扫码跟我练

来越大。兔子脑袋里始终盘桓着这样一个念头:怎么才能让自己的力气变大呢?恰好猴子来串门儿。兔子问:"怎么才能让自己的力气变大呀?"猴子立马儿回答:"练呗!""好,"兔子一拍脑袋兴奋地说,"练呗!"说完,兔子就立即开始锻炼。它拣了几块石头,把石头搬来搬去、举起放下,一遍又一遍,累得满头大汗。

一个星期过去了,兔子想测测自己的力气。它跑到一块以前抱不动的石头前,憋足了一口气,伸手一抱,还是抱不动。"也许练的时间还不够长吧。"兔子自言自语道。兔子更加勤奋地锻炼,一天到晚,除了休息就是练力气。一晃一个月过去了,它又跑到上次抱不动的石头前,憋足气伸手去抱,还是抱不动。

兔子垂头丧气地往家走。它走到家门口时,只见熊正站在门口,推倒的篱笆已被扶起并固定好了。熊歉疚地说:"对不起,几个星期前,我听说外婆摔伤了,急急忙忙往外婆家跑,不小心碰倒了你的篱笆,因为事情紧急,来不及向你道歉就走了。""是这样呀,没关系!"兔子又惭愧又高兴,"谢谢你为我扶起了篱笆!""不,这是我应该做的!"熊说,"谢谢你原

谅我!"

一会儿,猴子来了。猴子问兔子:"你的力气练得怎样了?""不练了!"兔子说。"为什么呀?""不是我的力气太小,是我的心太小了,宽容别人的心太小了。"

（出自《儿童文选》,2019-11-18)

训练指导

这是一则影射现实的故事,生活中许多误会往往源于看问题的角度,也就是心态决定结果。要提高故事的精彩程度,就需要仔细揣摩角色每一次语言表达的内在情绪,"话"出当时的心情变化,从而表现出兔子矛盾纠结的心态。训练时,要对故事角色设定相对固定的舞台方向,更好地让观众走进故事的情境。

三、声情并茂——今天我主持

主持训练。（作为主持人,应保持自信满满的状态,主持时首先要做到声音洪亮,语言流利,能让人有强烈的代入感。）

主持词一:

亲爱的老师们、同学们,大家好! 欢迎来到《用语言"话"画》节目,我是你们的好朋友×××,我们都知道,生活中画画需要用笔去勾勒、描绘,但你们知道吗,用语言也能"话"画,而且还能画出一幅十分美丽的图画。在今天的节目中,我就要带领大家学习如何用语言来"话"画!

同学们,通过今天的节目,你们是否已经学会用语言"话"画的本领了? 不要着急,只要同学们在平时能努力学习,刻苦训练,相信你们一定能用语言"话"出最美的图画! 同学们加油哦! 好了,到这里,今天的节目就要和大家说再见了,让我们相约下周同一时间不见不散!

主持词二:

亲爱的老师们、同学们,大家好! 欢迎来到《用语言"话"画》节目,我是你们的好朋友×××,通过上期节目的学习,我们惊奇地发现,用语言"话"画竟如此神奇,它可以使冷冰冰的文字变得富有情感,富有画面感,同学们学会用语言"话"出高低快慢,轻重缓急,同学们改变了曾经枯燥乏味的表达方式,提高了说话质量,朗诵也越来越绘声绘色了! 在今天的节目中,我们继续用语言来"话"画,"话"蔚蓝的大海、耀眼的白帆,还有那追梦的少年!

四、引人入胜——作品表演训练

帆

（俄罗斯）莱蒙托夫

在那大海上淡蓝色的云雾里
有一片孤帆儿在闪耀着白光！
…………

它寻求什么，在遥远的异地？
它抛下什么，在可爱的故乡？
…………

波涛在汹涌——海风在呼啸，
桅杆在弓起了腰轧轧作响……
唉！它不是在寻求什么幸福，
也不是逃避幸福而奔向他方！
下面是比蓝天还清澄的碧波，
上面是金黄色的灿烂的阳光……
而它，不安的，在祈求风暴，
仿佛是在风暴中才有着安详！

训练指导

写这首诗时诗人 17 岁。诗人生前的自选诗集里并未收录此诗，但是他追求自由的精神，激励了我国不少读者。仔细分析，这首严谨的小诗不失为诗人的代表作。

诗的第一句所描摹的景象可能是这首诗令人印象最深刻的画面，淡蓝的云雾里一叶孤帆一闪一闪地泛着白光。诗人面对这浩渺的海天世界，按捺不住自己的激情，把自己寄托在那一点帆影上。诵读时，第一段中的"淡蓝色""白光"之间的语言色彩与速度应有对比，衬托出白帆勇往直前的决心。随之近乎自言自语道：它要到遥远的国度去寻求什么？它在自己的故乡抛下了什么？这两句虽是疑问句，但诵读者心中却已有了明确的答案，因此在语气上要准确把握。紧接着通过对波涛汹涌的大海的描绘，使人紧张，而这不正是我们每个人在成长路上应经历的坎坷吗？诵读时，切不可为了追求声音力度而大喊大叫，而应从暗流涌动的"慢"逐渐变为波澜翻滚的"快"，诵至"轧轧作响"时达到情感高潮。而这景象的描绘是为了揭示主人公崇高的理想，诵读者的语气也应随之变得相对轻松，当诵读至"金黄色的灿烂的阳光"时,与"它"相比一定要有非常明显的变化,让我们看到在"风暴中"那叶勇敢的白帆。

五、大开眼界——经典吟诵

郑 人 买 履

(战国)韩非子

郑有人欲买履者,先自度其足,而置之其坐。至之市而忘操之。已得履,乃曰:"吾忘持度。"反归取之。及反,市罢,遂不得履。人曰:"何不试之以足?"曰:"宁信度,无自信也。"

(选自《韩非子·外储说左上》)

译文

有个郑国人想去买鞋子,先量好自己脚的大小,把尺码放在座位上。等到了市场,才发觉忘了带尺码。他选好了鞋,却说:"我忘了带尺码来。"于是就回家去拿尺码。等到再赶回市场时,集市已经散了,就没有买成鞋。有人问他:"你为什么不用脚试?"他回答说:"宁可相信尺码,也不相信自己的脚。"

第 二 课

一、扣人心弦——传承与发扬

三英战吕布

滚滚长江东逝水,浪花淘尽英雄。是非成败转头空。青山依旧在,几度夕阳红。白发渔樵江渚上,惯看秋月春风。一壶浊酒喜相逢。古今多少事,都付笑谈中。

话说十八路诸侯围困虎牢关,围了个风雨不透,水泄不通。十八路总盟主袁绍派叫阵官,前来叫阵。叫阵官来到阵前,高声大骂:关上的董贼你听着,赶紧出城受死。来得早了,还算罢了。来得晚了,我们杀进城去,杀你个鸡鸭不剩,鹅犬不留,连不睁眼的小耗子"啪啪啪"都给你摔死。话音未落,就听见虎牢关上,"咚咚咚"三声炮响,号叫连天,鼓声大作。紧跟着城门打开,吊桥放下,从里面冲出一支人马。此时尘土飞扬,飞龙旗、飞虎旗、飞豹旗,正中央一杆大督旗,迎风招展。大督旗上绣着一溜大红字,离多远一看,格外显眼,上面绣着"虎贲中郎将",正中央一个斗大的"吕"字。再看旗角之下,还有四杆小门旗,每杆小旗上各写上一句话。头一杆门旗写上:英雄生来有虎威。第二杆门旗写上:盖世无双第一回。

124

第三杆门旗写上:方天画戟无对手。第四杆门旗写上:赤兔宝马第一回。旗分左右,从大督旗下飞出一位小将军。这匹马出来之后,先是围着战场"嗒嗒嗒"转了三圈,"吁吁吁"这人把马匹带住,跳下马来。十八路诸侯甩脸观看,只见马匹上端坐着一位小将军,看岁数能有二十来岁。粉奶奶的面皮,两道八字利剑眉,一对大豹子眼,通贯鼻梁,方海阔口,元宝的耳朵,平顶身高,按现在的话说,能有一米九的个儿,细腰窄背,扇子面的身材,那真是长得帅呆了。再看他的穿戴,头上狮子盔张口吞天,朱雀铠虎体遮严,素罗袍藏龙戏水,八宝带富贵长绵,胸前挂护心宝镜,亮如秋水,肋下玉把龙泉,梅针箭密排孔雀眼,犀牛弓半边月弯,凤凰裙双遮马面,鱼踏尾钩挂连环。再看他手持方天画戟,座下赤兔马。真是人中吕布,马中赤兔。他好像哪吒三太子,翻身跳下九重天。

训练指导

表演评书时应注意:第一,学什么像什么,主要是指一些口技以及异性的声音。例如,对于本段评书中象声词(啪啪啪、咚咚咚、嗒嗒嗒、吁吁吁)的演绎,表演者模拟逼真才能让听众有一种身临其境的感觉。第二,充分揣摩人物性格,这是学习评书最难掌握的。只有把握住每一个人物的心理动态,才能说好这段评书。本段对于吕布的外形描述,需要表演者用一种欣赏带着倾慕的口吻去叙述,才会让人们觉得仿佛真的见到这位万里挑一的人中龙凤!后世也才会以"人中吕布,马中赤兔"比喻那些佼佼者。

二、惟妙惟肖——话故事

吃一粒米的结局

又是一个青黄不接的季节,穷苦的人们连锅都揭不开,更别提寄居在人家里的老鼠了。

一只饿得两眼发绿的小老鼠,跟跟跄跄地来到熟悉的厨房,期望能够找到一些食物,哪怕是一些发霉的剩饭也好呀!然而,厨房干净得能照出自己的影子。它艰难地爬到灶台上,在光滑的瓷砖上缓缓向前走,

扫码跟我练

忽然脚下一滑,小老鼠从高处掉了下来。小老鼠感到自己并没有掉到坚硬的地面上,身下的东西一粒粒的,像是……大米!"别瞎想了,是不是饿疯了,怎么会有大米?"小老鼠苦笑着,缓缓睁开眼睛,眼前的一切让它感到眩晕,那白花花的东西可不就是日思夜想的大米吗?"我找到吃的了!"面对突然降临的幸福,小老鼠忍不住大叫起来。但是马上它就意识到了自己的莽撞,它伸出贼溜溜的脑袋,四处观察了一下,没有发现异常现象,才又捂着嘴"哧哧"地笑了起来。

原来,小老鼠恰巧掉进了一个半满的米缸里。接下来的日子里,小老鼠吃饱了就躺在

米堆里睡觉,睡醒了继续大吃,日子过得别提多舒服了!然而,米越吃越少,米缸口离自己越来越远,再吃下去,可能自己就不能爬出米缸了。"我是不是应该出去呢?"小老鼠进行着激烈的思想斗争,但是,一想到以前在外边所受的罪,它就退却了。"再等等吧,现在出去也难免挨饿。"小老鼠一边吃着香甜的大米,一边自言自语地说。日子在无忧无虑中不知不觉地过去了,小老鼠把自己吃成了一只肥胖的大老鼠,米缸里的米也所剩无几了。

终于有一天,米缸见底了,老鼠警觉地向上望了望,发现米缸的口遥不可及,现在想跳出去,已经是无能为力了。胖老鼠有气无力地倒在了米缸里,想起外面现在应该是收获的季节了。对于老鼠而言,那半缸米就是它生命的试金石,如果它想把这半缸米全部吃完,就必须付出生命的代价。

心理学家把老鼠能跳出缸的高度称为"生命的高度",这个高度就掌握在老鼠自己的手里,如果它多留在米缸里一天,多吃一粒米,它就距离死亡更近了一步。因此,当你意识到不能再吃"米"的时候,请你一定要立即跳过"生命的高度",如果禁不住诱惑,那么后果就可想而知了。

(改编自《一个哲理点醒孩子一生》)

训练指导

这是一篇富有哲理的寓言故事,情绪需要逐层推进,运用声调、语气、节奏变化,把小老鼠饿得慌不择路—偶遇幸运—自满自足—贪图安逸—悲剧发生这一过程,呈现在观众面前,引起警示。

三、声情并茂——今天我主持

主持训练。(要求:热情地,主持风格:轻松)

主持词:

亲爱的观众朋友们,大家下午好,欢迎来到《跟我游》节目,我是主持人×××。时间过得真快,一转眼,国庆长假已走在身后,但美好的回忆却留在心间。回忆国庆长假,有的同学选择足不出户,在家享受休闲好时光;有的同学选择在爸爸妈妈的带领下,走出家门,感受祖国大好河山的壮美。在今天的《跟我游》节目当中,我将带领大家走进位于宝山区顾村镇的顾村公园。说到顾村公园,它占地面积约430公顷,相当于三个世纪公园的大小。目前它已成为上海市最大的郊野公园,当然,也成为我们宝山区一张响当当的名片。相信在这样一个五彩缤纷的季节里,顾村公园一定会有它别样的风景。同学们,那还等什么,让我们一起出发吧!

四、引人入胜——作品表演训练

《元日》与古诗

陈思雁

爆竹声中一岁除

春风送暖入屠苏

千门万户曈曈日

总把新桃换旧符

上课的铃声响了

课本上王安石的画像

好像在对我微笑

迎着我们热烈的目光

老师走进了教室

（上课！

起立——）

她教我们如何诵读诗歌

停顿、上扬、舒缓、强调

心中的激扬必不可少

她提问

她指引

老师的眼睛里

有着道不完的对古诗的着迷

我聆听

我遐想

我的眼睛里

有着数不尽的对古诗的兴趣

诗里的元日是那样地热闹
鞭炮的震耳欲聋送走了旧年的喧嚣
春风的招呼潜在幸福的酒里囫囵吞下
旭日的光辉那么温暖、那么明亮
新写的桃符上印着更新的万象

诗歌里
鞭炮响、饮屠苏、取桃符、贴新联
课堂里
我的脑海里舞动着雄狮、品尝着佳肴
诗歌送给我们一幅美丽的新年图画
别小瞧这简单易懂的诗句
却字字怀揣着诗人强国富民的理想
王安石的微笑
更是他执政变法自信满满的写照

上下几千年过去了
如今的人们仍然乐此不疲地
迎接着春节
歌颂着希望
读古诗吧
中华民族璀璨的文化就继续传承发扬吧

我们的世界那么博大
历史的河流那么宽广
最精练的语言
是属于古诗的
绝句的精巧 律诗的对仗
我们有千家诗的万种风情
我们有唐诗三百首的一百零六部韵脚

我想饱览祖国令人迷醉的天涯海角
——读古诗吧
我想吮吸旷野中静谧的花香
——读古诗吧
我想触摸那些背井离乡的心跳

——读古诗吧

我想倾听穿梭在战争和硝烟里的鼓号

——读古诗吧

我和孩子们都爱读古诗

古诗里的故事真不少

五千年的中华文化有亿万种符号

一字一句,照亮着前方,燃烧着力量!

(最后以表演形式展示诗歌《元日》)

训练指导

这首诗歌犹如一阵温暖、清新的春风,读它、品它、诵它,都是那样亲切、自然,犹如说话般的朗诵尤其适合学生表演。诗中有讲有听,有学有说有感,我们常常抱怨适合学生朗诵的作品太少,而这样的作品也许会点亮我们创作的智慧之光。诗歌诵读并无太大难度,但如何将如此生动的一堂古诗诵读课在舞台上巧妙呈现出来,却需要花一番心思。

五、大开眼界——经典吟诵

五 官 争 功

口与鼻争高下。口曰:"我谈古今是非,尔何能居上我?"鼻曰:"饮食非我不能辨。"眼谓鼻曰:"我近鉴毫端,远观天际,唯我当先。"又谓眉曰:"尔有何功居上我?"眉曰:"我虽无用,亦如世有宾客,何益主人? 无即不成礼仪。若无眉,成何面目?"

(选自《唐语林》)

译文

嘴巴和鼻子争上下。嘴巴说:"我谈古论今,你有什么能耐待在我上面?"鼻子说:"所有的饮料和食物没有我就不能分辨。"眼睛对鼻子说:"我近可以分辨毫毛尖端(那么细微的事物),远可以观察到天边,只有我应该排名最先。"又对眉毛说:"你有什么功劳待在我上面?"眉毛说:"我虽然没有实际用途,也就如同这世上有宾客,他们对主人有什么益处? 但是没有就不符合礼节和仪式。如果没有眉毛,那成什么面目了啊?"

第 三 课

一、扣人心弦——传承与发扬

瞎 大 爷

竹板儿这么一打,别的咱不夸。今天的话题,到底咱要说点儿嘛,咱要说点儿嘛呢,咱要说点儿嘛,咱要说点儿嘛呢,咱要说点儿嘛。

竹板儿这么一打,别的咱不夸。今天的话题,到底咱要说点儿嘛,咱要说点儿嘛呢,咱要说点儿嘛。

俺们院的张大伯,今年六十多,从小是个双失目,什么东西看不着,拄着拐杖街上走,忽然想要上厕所,眼睛看不到厕所闻着气味往前摸。

走到饭馆儿大门口,大伯认为差不多,饭馆儿卫生特别差,那个气味儿没法儿说。饭馆儿也是个老大爷,面对大伯笑呵呵,同志你想来点儿啥,请您慢慢儿对我说。服务态度这么好,半月顾客没来个,没来个!

大伯一听高了兴,这是厕所准没错,这老头准是管理员,收费准是他负责。想到这里不怠慢,他伸手就往兜里摸,掏出两毛人民币,一边递钱一边说,兄弟不用麻烦你,俺进去一会儿就解决,就解决!

老头儿听了破口骂。你这瞎子真缺德,竟敢张嘴胡乱说,小心把你腿打折,腿打折!滚!

大伯吓得赶紧跑,边跑心里边琢磨,眼神儿不济竟惹祸,莫非这是女厕所,下次可得当心点,弄错实在太不妥,这样一想心开阔。美国话来说就是:very good。谢谢谢谢各位了,要是您还没听够,下回咱们接着说!下回咱们接——着——说!

🔅 训练指导

节奏训练,可以快速提高学生记忆能力,训练时,应从慢练开始,注意引导学生把握内容的逻辑关系。当熟悉内容后,再提升至正常速度。值得注意的是,这篇作品节奏不再是一成不变,出现了很多弱起,需要教师解决节奏不规律的难点。

二、惟妙惟肖——话故事

为什么蝙蝠只在夜晚出行

程颖（改编）

秋天来了,枯叶飘落,天气渐渐寒冷起来。有一天,一只蝙蝠独自在空中飞翔,它一边飞,一边哭泣,碰巧遇到了鸟中之王——老鹰。老鹰就问它:"小蝙蝠,你为什么哭啊? 谁欺负你了吗?"蝙蝠看到是鹰王,就擦干眼泪说:"大王,我哭是因为秋天来了,天气转凉,我感到越来越冷!"老鹰不能理解蝙蝠的话,就问:"你感到冷,难道别的动物就不冷?""它们不冷,因为它们都有羽毛,可是我连一根羽毛也没有。"蝙蝠抱怨着。老鹰考虑了一下,决定帮助蝙蝠,就下令让所有的鸟都送给蝙蝠一片羽毛。

扫码跟我练

蝙蝠有了各种鸟儿的羽毛后,漂亮极了。由于每片羽毛颜色都不一样,蝙蝠把翅膀一张,看起来真是五彩缤纷。蝙蝠因为有了漂亮的羽毛就骄傲起来,不理睬别的鸟儿了。鸟儿们都飞到它们的国王老鹰那里去,告状说蝙蝠因为有了羽毛就得意起来,跟别的鸟儿连话都不愿意说了。

老鹰听了很生气,就把蝙蝠叫了来。"所有的鸟都在告你的状,蝙蝠!"老鹰对它说,"听说你拿它们的羽毛来自夸,骄傲得连话都不愿同它们说了,是真的吗?"

蝙蝠满不在乎地说:"它们告状,是因为它们妒忌我,因为我的羽毛比它们的都漂亮!你瞧一瞧吧!"说着,蝙蝠张开两扇翅膀,各种颜色的羽毛的确很美丽。

"那么好吧!"老鹰说,"那就让每只鸟把原来给你的那片羽毛收回去,既然你这么漂亮,就用不着要别人的羽毛了。"于是所有的鸟都扑向蝙蝠,把自己那片羽毛取了回来。

结果蝙蝠还跟原来一样光秃秃的,它感到很难为情。于是,从那个时候起,它总是夜间才飞出来,以免被别的鸟看见。

🌀 **训练指导**

故事中人物的语言、形象要分明,蝙蝠的哀求、老鹰的疑惑乃至气愤,都需要在节奏、语气、语调上做出不同的处理。当说到结尾时,要有让听众恍然大悟的感觉。

三、声情并茂——今天我主持

主持训练。(这段主持属于模拟综艺节目现场主持,语言风格要求热情、稳重。在训练中,可邀请两位同学来扮演小鸭与山羊,配合主持人的采访,当主持人驾轻就熟时,便可一人来负责整段主持)

主持词：

亲爱的观众朋友们、同学们：大家下午好！《我和春天有个约会》节目又和大家见面了，我是主持人×××。不知不觉中，春天已经来到了我们的身边，看，风筝在天上自由地飞翔呢；看，野花在草地上竞相绽放呢；听，黄莺和百灵鸟正在唱着春天的歌谣呢。春天可真美妙啊！在今天的节目中，我们邀请到了两位嘉宾，一位是活泼可爱的小鸭先生，一位是温柔善良的山羊伯伯，让我们掌声有请！

接下来，就让我们来听听两位嘉宾眼里的春天是什么样的！原来小鸭先生眼里的春天，就是在清澈的河里，快乐地游泳捉鱼。来听听山羊伯伯他怎么说，哦！原来山羊伯伯眼里的春天呐，就是在青青的山坡上吃新鲜的嫩草哦！听了各位朋友的介绍，我们发现，其实每个人眼里的春天都是不一样的，但却有一点是相同的，那就是春天可以给我们每一个人带来无尽的快乐！

好了，今天的节目到这里就要和大家说再见了，让我们下周同一时间，不见不散，拜拜！

四、引人入胜——作品表演训练

黄　鹂

徐志摩

一掠颜色飞上了树。

"看，一只黄鹂！"有人说。

翘着尾尖，它不作声，

艳异照亮了浓密——

像是春光，火焰，像是热情。

等候它唱，我们静着望，怕惊了它。

但它一展翅，冲破浓密，化一朵彩云；

它飞了，不见了，没了——

像是春光，火焰，像是热情。

🌸 训练指导

当诗歌从唇齿间诵出时，无论读者还是观众，都充满着惊喜，而在惊喜之余也变得小心翼翼，每个人都在通过语言用心想象那只像春光、像火焰、像热情的黄鹂的模样；而进入诗歌第二段的时候，语言节奏也因为黄鹂的一举一动而变化。当再次诵读到"像是春光，火焰，像是热情"时，情感发生了微妙的变化，此刻，黄鹂也逐渐远去，离开了我们的视线，但却把那份镌刻在心底的美留在了记忆中。

五、大开眼界——经典吟诵

诚 子 书

（三国）诸葛亮

夫（fú）君子之行，静以修身，俭以养德。非淡泊无以明志，非宁静无以致远。夫学须静也，才须学也，非学无以广才，非志无以成学。淫慢则不能励精，险躁则不能治性。年与时驰，意与日去，遂成枯落，多不接世，悲守穷庐，将复何及！

译文

君子的行为操守，以宁静来提高自身的修养，以节俭来培养自己的品德。不恬静寡欲无法明确志向，不排除外来干扰无法达到远大目标。学习必须静心专一，而才干源自学习。所以不学习就无法增长才干，没有志向就无法使学习有所成就。放纵懒散就无法振奋精神，急躁冒险就不能陶冶性情。年华随时光而飞逝，意志随岁月而流逝，最终枯败零落，大多不接触世事、不为社会所用，只能悲哀地守着那穷困的居舍，即使悔恨又怎么来得及？

第 四 课

一、扣人心弦——传承与发扬

要说愁，咱们净说愁，唱一会儿绕口令的十八愁。

狼也愁，虎也是愁，象也愁，鹿也愁，骡子也愁马也愁，猪也愁，狗也是愁，牛也愁，羊也愁，鸭子也愁鹅也愁，蛤蟆愁，螃蟹愁，蛤蜊愁，乌龟愁，鱼愁虾愁个个都愁。

虎愁不敢把高山下，狼愁野心要滑头，象愁脸憨皮又厚，鹿愁长了一对大犄角。

马愁鞴鞍就行千里，骡子愁它是一世休。

羊愁从小它把胡子长，牛愁本是犯过牛轴。

狗愁改不了那净吃屎，猪愁离不开它臭水沟。

鸭子愁扁了它的嘴，鹅愁脑瓜门儿上长了一个"锛儿"头。

蛤蟆愁了一身脓疱疖，螃蟹愁的本是净横搂。

蛤蜊愁闭关自守，乌龟愁得胆小尽缩头，鱼愁离开水不能够走，虾愁空枪乱扎没准头。

训练指导

训练时教师可根据学生的年龄及理解力,来撷取其中片段进行训练。作品中出现的固定节奏较易掌握,但对于贯口中的换气点及语言的抑扬处理,教师要由易至难,对学生不断提出新的要求,直至达到教学目标。

二、惟妙惟肖——话故事

党的女儿尹灵芝

宋护彬(改编)

扫码跟我练

赶在阎军扫荡之前,年仅15岁的地下党员尹灵芝在安排村子里的乡亲们转移的同时,藏好了粮食,却在撤离时不幸被捕。

阴暗的牢狱,让人不寒而栗。此时叛徒李凤翥原形毕露,皮笑肉不笑地问道:"灵芝,咱们乡里乡亲,看着你家的苦日子,我是真心疼啊,今儿个,只要你说出公粮藏在哪儿,我保你以后的日子吃喝不愁!"灵芝平静且坚定地答道:"谁是你的乡亲,你这个叛徒,阎军才是你的亲爹娘!粮食在哪里,你们休想知道!"灵芝轻蔑的神情彻底激怒了李凤翥:"你这个不识抬举的东西!给你机会,你不要,休怪我不客气,来人!上刑!"

时间一刻一刻艰难地度过,钉竹签、烙铁烫、老虎凳、浇开水,一个个惨绝人寰的酷刑不断折磨着瘦削的灵芝。

"粮食在哪,现在总该知道了吧?"李凤翥无比得意地问道。此刻已是鲜血淋淋、血肉模糊的灵芝在深烈的喘息中缓缓抬起了那颗高贵的头颅,虚弱惨白的脸仍然是那样地坚定:"做梦吧!你们这些狗强盗,粮食……一粒也不会落在你们的手里!"

阎军没能从灵芝口中得到粮食的任何讯息,最终,粮食保住了,乡亲们安全转移了。面对明晃晃的铡刀,灵芝在生命最后一刻高呼着:"中国共产党万岁,毛主席万岁!"

15岁,如花的年纪,对于一个女孩来讲是爱美的年龄,灵芝没有等到一个幸福的年代,而许多年后的今天,我们依然可以听到她面对铡刀那铮铮的誓言,依然可以看到面对死亡那无比坚定的微笑,请同学们记住这个15岁的女孩,她的名字叫尹灵芝!

训练指导

对于尹灵芝这个名字,同学们也许很陌生,她是一位像刘胡兰一样,为了老百姓的安危,为了心中坚定的革命信念,在最美的花季年龄牺牲的革命战士。

革命故事与其他故事相比,要特别关注学生讲得真、演得真,而这份真来自对革命先烈不计得失的那份敬仰之情,只有真投入,才有真感情,也方能引起观众的真共鸣。讲述中,学生的语言力度、色彩、节奏要随故事跌宕起伏而发生变化,做到扣人心弦。另外,讲述者对表演的基调要拿捏到位。对于正反两个人物角色的切换既要有对比,又不能过于跳跃。总而言之,对表演要不断琢磨、钻研。

三、声情并茂——今天我主持

主持训练。(主持的语言需要具有一定的"诱惑性",以此引发小朋友们对故事内容的兴趣,主持时可适当加入相应的情绪与动作来让语言锦上添花)

主持词:

亲爱的观众朋友们,大家下午好!欢迎来到《童话乐园》节目,我是主持人×××。在今天的节目中,我们的主人公可多啦:有大象伯伯、河马大叔、袋鼠妈妈,还有小狮子、小蜜蜂、小青蛙和长颈鹿,哇,这么多的小动物,难道是要开一场森林音乐会吗?当然不是,原来最近乌龟兄妹有点儿烦,看到大象开了一家鲜花店,河马开了一家气球店,袋鼠妈妈开了一间书报店,他们也想开一家小店,可开什么呢?正在他们着急的时候,小动物们的一次聊天,突然让乌龟兄妹灵机一动,计上心来,于是一家动物职业介绍所开张了!同学们,你们猜一猜,这家职业介绍所的生意会好吗?小动物们能在这里找到自己喜爱的工作吗?别急,走进今天的《童话乐园》,让我们一起来聆听少年宫艺术语言班的同学们带来的精彩故事表演——《乌龟开店》!

四、引人入胜——作品表演训练

儿时的八月半

陈燕

八月半了

想奶奶了

…………

她的儿孙们都喜欢吃她做的烙饼

我们姐弟四个小时候

都是奶奶在照顾的

每次奶奶做好的饼

她都要把它们放在篮子里

悬挂在屋梁上
如果不那么挂起来
原本够我们吃几天的饼
到后面只够吃两天的了

儿时的八月半
奶奶会做糖心的烙饼
会放很多糖，薄薄的饼皮
刚烙好的，热乎乎的，软软的
一口下去就能吸到蜜一般的糖汁
我们每次都会吃完整整一块
有些孩子吃他们家的糖饼时
总是把一圈没糖的扔掉

儿时的八月半
毛豆粒炒小公鸡也是必吃的
以前不知道奶奶为什么都是杀公鸡
后来才知道母鸡要留着下蛋给我们吃
我们几个会从地里择一些毛豆回来
然后围坐在一起剥毛豆
调皮的弟弟总是会用"豆丹"吓唬我们
大妹妹是经常被欺负哭的那一个
姐弟四个哭哭笑笑地帮着奶奶一起做饭

儿时的八月半
奶奶会从街上买几个月饼回来
用纸包着的五仁月饼
两个人分一块月饼
里面的青、红丝甘甜
是我们四个都想放进嘴里的了

儿时的八月半
月亮又圆又亮地高高挂着
客堂里的那盏煤油灯下
奶奶就坐在那里

一边纳着鞋底儿，

一边抬头看着院子里追逐打闹的我们

奶奶笑了

儿时的八月半，

天上的星星很多很多

·············

🔵 训练指导

童年对于我们来说，是留在心底挥之不去的一份美好。作者在诗歌中借用了传统节日——中秋，让童年那些趣事儿，流淌于字里行间，同时也表达了对奶奶的深切思念。

诗歌以述说回忆为基调。因此，在诵读中，整体状态要自然、松弛，语言节奏要相对舒缓，而诗中所提及的几件趣事，均以"儿时的八月半"起始，诵读时，对于这句话在内心情感的把握上，应是不同的，要诵读出层次，读者每每听到这句话时，都应有无限的期待，期待更多有趣的童年故事。诗歌最后一段仅一句"儿时的八月半，天上的星星很多很多……"星星代表着数不尽的回忆，象征着已经逝去的美好，也抒发了作者此刻复杂的心情，因此诵读这一句时，要和前面的"儿时的八月半"有所区别，用真实体会与观众产生情感共鸣。

五、大开眼界——经典吟诵

鹿 照 水

有鹿饮于溪边，自照水影。见其两角峥嵘，甚为自乐，惟恨四足轻小，颇不相称，甚不满意。正叹恨间，忽闻猎者带犬自远而来，鹿急为奔避，幸得四足轻捷，猎犬追至，鹿则逃入竹林，奈被两角阻挠竹上，欲进不能，卒之为犬所捕。鹿悔曰："我尚恨其脚小，而夸其角长，不知救吾命者，脚也；丧吾命者，角也！"

（选自《意拾喻言》）

🖋 译文

一只鹿在溪边饮水，望着水里自己的影子，见自己修长而美丽的双角，得意扬扬，可当见到自己细小的腿时，感觉很不相称，甚为不满。正当它叹恨之时，忽然听见猎人带着猎狗自远处而来。它转身拼命地逃跑，幸亏自己的四脚轻盈快捷。猎狗追上来时，鹿已逃入竹林中，无奈美丽的双角被竹子卡住了，无法继续奔跑了，结果被猎狗捉住了。鹿非常后悔："我还恨我的脚小，而夸我的角长呢！不知道救了命的是脚，丧我命的却是我最信赖和宠爱的角。"

第 五 课

一、扣人心弦——传承与发扬

秦琼在校场梅花圈内刚刚练完了双锏,忽然从对面黄旗之下一马飞出,马上一员大将抡起大刀照秦琼搂头便砍。秦琼急将马往旁边一带,躲过大刀。闪目留神观看,只见这员大将身高足有九尺,头顶镔铁狮子盔,身披大叶连环甲,外罩绿色战袍,足蹬虎头战靴。往脸上看,面如重枣,两道刷子眉,一对大环眼,三绺短髯,满面杀气。胯下青骢马,手使三亭大砍刀。秦琼看罢,用锏一指喝道:"来将通名再战,你我无冤无仇,为何突然下手?"此人哈哈大笑:"姓秦的,要问我的名姓,你且听了:我乃大帅武奎手下、官居副总兵之职、外号人称大刀将关达的便是。量你无名之辈,有何德能,竟敢在北平府发威?今日叫你知道知道本总兵的厉害!你要是把我赢了,我这个总兵官就让给你。"说罢手抡大刀,马往前提,一刀奔秦琼头顶砍来。秦琼不敢大意,双手擎着双锏,十字插花往上一迎,就听"当啷"一声把大刀架开。二马一错镫,关达的大刀反手奔秦琼的脖颈便砍。

> **训练提示**

评书是以北方语音为基础,以北京语音为标准音调的普通话说演。因使用口头语言说演,所以在语言运用上,以第三人称的叙述和介绍为主,并在艺术上形成了一套自身独有的程式与规范。比如传统的表演程序一般是,先念一段"定场诗",或说段小故事,然后进入正式表演。正式表演时,以叙述故事并讲评故事中的人情事理为主,如果介绍新出现的人物,就要说"开脸儿",即将人物的来历、身份、相貌、性格等特征做一描述或交代;讲述故事的场景,称作"摆砌末";而如果赞美故事中人物的品德、相貌或风景名胜,又往往会念诵大段对偶句式的骈体韵文,称作"赋赞",富有音乐性和语言的美感;说演到紧要处或精彩处,常常又会使用"垛句"或曰"串口",即使用排比重叠的句式以强化说演效果。在故事的说演上,为了吸引听众,表演者把制造悬念,以及使用"关子"和"扣子"作为根本的结构手法,从而使其表演滔滔不绝、头头是道而又环环相扣,引人入胜。

二、惟妙惟肖——话故事

神奇变身水

魔法师的家里有好多神奇的变身水,都装在小瓶子里,谁不想做自己,要变成什么,比如变成一头野猪,甚至变成一只恐龙,全行。每个小瓶外壁上都贴着纸片,写着这瓶变身水喝了可以变成什么。但是魔法师是整个乌有镇最忙的大忙人,他家里的变身水小瓶子放得七零八乱,找一瓶变身水得花上好几个小时。他自己也觉得这样找太费事了,他得把所有的小瓶子都整理整理,让自己一眼看过去,就能把想找的药水找到。"这瓶变身水是变什么的呢?"魔法师从地上捡起一个小瓶子,一看没贴纸片,就连自己也不知道这水喝了会变成什么了。

扫码跟我练

就在这时,魔法师忽然听见有谁叩他的门。"今天太忙,不开门!"魔法师生气地说。叩门声还在"咚咚"响个不停。魔法师把门打开一条缝,一见是只小老鼠,就说:"走开,你没看见我正忙着?""我要买一瓶神奇变身水。"小老鼠说,"我不想做老鼠了。没人喜欢老鼠,人们养猫来吃我们,装捕鼠器来捉我们,用电来电我们,拿扫把来追打我们。当老鼠一点也不快活。我想变成别的东西。""你想变什么呢?"魔法师问。"我还没有想好!"小老鼠说,"我来看看你这里都有些什么神奇变身水,都看一看,我就能拿定主意了。""那等我整理好了你再来看。"魔法师说。"我一天也不能等了。"小老鼠说。"那就给你这一瓶吧!"魔法师把手上拿着的那瓶神奇变身水递给小老鼠,"拿着,这就算我送你的吧,不要钱了。""瓶上可没说是变什么,"小老鼠接着问,"我会变成什么呢?""你不是要变成别的东西吗?"魔法师说,"你喝了它就能变成别的呀!"说完,就把小老鼠推出门去,"砰"的一声把门关上了。

小老鼠回到家,拿着瓶子直发愣。他在猜想他会变成什么呢? 也许是变成一只蝴蝶? 蝴蝶倒是很漂亮,但是蝴蝶都活不长久,他不想变成蝴蝶。要想活得长久,最好变成乌龟,但是乌龟走路太慢,他不希望自己变成乌龟。要想走路快,他得变成蜜蜂,但是蜜蜂一天到晚飞来飞去,得这里那里采花蜜,太辛苦,太劳碌,太累人。老鼠是不喜欢干活的。变成蚂蚁怎么样? 变成蚂蚁要遭人踩。变成鸟儿吧,鸟儿整天玩玩,唱唱。可想到鸟儿要吃虫子,他就微微地恶心起来。"变成一头大象,倒是挺不错的。"小老鼠想。但他又想大象可走不进他的洞家。他喜欢他那个洞家,那里很安全。老鼠不希望自己变成大象。他想来想去,想不出变成什么好。"当老鼠是不太好。"他想,"不过我至少知道当老鼠该怎么当。当别的东西,说不定更糟呢!"

小老鼠把那瓶神奇变身水拿去还给了魔法师。"你变了?"魔法师问。"我想我是变了。"小老鼠说,"我变得快活了。"魔法师一听,高兴得不得了。"瞧这神奇变身水还真够神的,"老鼠说,"把咱们两个都变快活了。"

(节选自《儿童文选》,2019-09-04)

⚠ **训练提示**

在故事里的小老鼠身上,同学们有没有发现自己曾经有过的烦恼呢? 是呀,人们往往羡慕别人所拥有的,忽视自己身上具备的或已有的。这则小故事,通过小老鼠反观自身,让人最终体悟到故事主题:"做自己才是最快活的!"契合当下乐活理念:适合自己的才是最好的!所以,在"话"故事的时候,特别是小老鼠分析别人时,需要表演出小老鼠的犹犹豫豫、思前想后的心理状态,可以添加一些肢体动作,例如,挠挠头、四下踱步等。

三、声情并茂——今天我主持

同学们对于常规性介绍自己已经可以做到言辞流利、信心满满了。可是,每个同学都有着不同的名字、不同的性格特点、不同的爱好特长以及不同的梦想,等等,让我们想一想自己与他人有什么不同,来一个"个性自我介绍"吧!

如:

(1)他是谁?他是一个男生,一个活泼开朗、乐观向上的男生。你们可以叫他"6+0"——这是他名字的谐音,也象征了六六大顺,是吉祥的象征。他参加过的活动、比赛可太多了:朗诵、主持、讲故事,哪一个他没有参加过?邮轮港、敬老院、少年宫……他总能在他所到的地方留下属于自己的独特的身影。他曾经给敬老院的老人送去过温暖,他曾经为补习班的小朋友们送去过清凉……在学校,他也总是大大方方、毫不拘束。看书更是他最大的爱好。每当想静一静时,他就会取一本书来看,在静心的同时,还顺便增长了知识,一举两得。短短几百个字,或许你对他依然没有什么太深的印象。但是,你只要见到他,就一定会牢牢地记住他。他是谁?他就是我,一个活泼开朗、乐观向上的男生——刘佳宁。

(2)2004年8月25日,随着一声啼哭,一个立志成为中国第二个贾玲的女孩儿出生了!没错,这个女孩就是我,一个活泼可爱、活力四射,拥有远大抱负的女孩。我最热爱的就是播音表演,在播音表演的学习中,我找到了很多很多乐趣,也认识了一个全新的自我!这就是我,一个热爱播音主持,立志成为中国第二个贾玲的小女孩——郭子仪!

(3)大家好,我是徐怡筝。古筝、风筝,是我名字最后一个字"筝"的含义。筝,意味着一只自由自在、快乐的风筝,而"筝"也代表着母亲儿时一个没有条件达成的梦——古筝。

令人惊奇的是,如今我果然与古筝结下了不解之缘,今年年底我将奔向古筝十级的考场。我是个外向开朗的女孩,你可以见到我总出现在各种学校文艺活动中。古筝、尤克里里、素描、舞蹈、设计、朗诵都是我的特长。说到这,你对我有了解了吗?简单概括,我就是一个外向开朗、喜爱艺术的快乐的"风筝"。

(4)嘿,你知道我是谁吗?我就是由中国制造的、编号为20071208的刘巍!要说我特殊嘛也不特殊,说我普通吧我也不普通,总而言之,我是一个独一无二的小姑娘。我的兴趣爱好有一堆,如唱歌、书法、运动、攀岩,等等。反正我就是什么都爱,什么都会一些。我最大的爱好就是做手工,一做起来就废寝忘食,不做出一件巧夺天工的工艺品来绝不撒手。其实,我也不是完美无缺的,也有一些小毛病,什么粗心啊,还有……它们都是我的烦恼。瞧,这就是我,一个举世无双的小姑娘。

(5)大家好,我叫曹可凡。不是那个真的曹可凡,但也不是假的哦,经常有人叫我大明星。我还是小细胞时,妈妈就琢磨着给我取名字,当她写下曹可凡的连笔字时,哇,好漂亮!所以就有了我,站在这里的小小"曹可凡"啦。我活泼好动,兴趣广泛,最喜欢艺术语言。落霞与孤鹜齐飞,秋水共长天一色。每当自己用艺术的语言诵读优美的文字时,那种感觉真好!

训练提示

仔细观察以上几则"个性自我介绍"的示例,可以发现,个性化的自我介绍要根据名字的含义、发音以及性格特点等方面构建关注点,用有辨识度的特色给他人留下只属于你一个人的特别印象,这样的个性自我介绍就是成功的。个性自我介绍的内容和措辞要格外注意,应该注重摆事实,减少评价性的语言。请将你们的"个性自我介绍"在课后进一步整理完善,并用新的"名片"来向爸爸妈妈介绍自己,听听他们对你有什么评价,虚心接受,让自己变得更棒。

四、引人入胜——作品表演训练

色　彩

闻一多

生命是张没价值的白纸,
自从绿给了我发展,
红给了我热情,
黄教我以忠义,
蓝教我以高洁,
粉红赐我以希望,
灰白赠我以悲哀;
再完成这帧彩图,
黑还要加我以死。
从此以后,
我便溺爱于我的生命,
因为我爱他的色彩。

训练指导

该诗是对生命意义的探求。诗人在三重关系中思考人生的意义:生命与色彩、色彩与意义、生命与意义。绿色是新生的象征,红色是暖色,使人精神振奋,黄色是极亮的色彩,蓝色是柔和的、平静的,粉红色是娇嫩美艳的,灰白色是灰暗而又清淡的,黑色使人心情沉重、绝望。可以看出色彩在给予我们心情变化之外,更蕴含着一种精神力量。这也是诗歌诵读的难点,要想准确"话"出如此众多的色彩,首先要仔细辨别各种色彩给予我们的不同情绪感受,进而运用不同的咬合力度、声音大小、语气变化、快慢拿捏等手段将色彩区分开来。当然,我们不是为"话"色彩而话,其最终目的,是要用语言话出生命的精髓。

五、大开眼界——经典吟诵

与 妻 书

谢晋元

巧英吾妻爱鉴:日内即将率部进入淞沪参战,特修寸笺以慰远念。我神州半壁河山,日遭蚕食,亡国灭种之祸,发之他人,操之在我,一不留心,子孙无噍(jiào)类矣。

为国杀敌,是革命军人素志也;而军人不宜有家室,我今既有之,且复门衰祚薄,亲者丁稀,我心非铁石,能无眷然乎!但职责所在,为国当不能顾家也。老亲之慰奉,儿女之教养,家务一切之措施,劳卿担负全责,庶免旅人之分心也……

译文

我的爱妻巧英啊,我即将带领我的将士们进入上海参战,于是写封信来表达对远方的你的思念。我们神州大地的半壁江山在被日本人蚕食,亡国灭种的灾难虽然因他人而起,但是我却十分在意。一不小心,子孙都活不下来。

保卫国家、抗击敌人,是军人的使命。虽然军人是不适合有家室的,但我既然有了你,又没什么其他的亲人,我又不是铁石心肠,怎么能不想念你呢?但这毕竟是我的职责,保卫国家就不能再把心思放在家里。父母的赡养、儿女的教导、家中的一切事务就劳烦你多操心,担负起照顾全家的责任,避免我身在战场还被家里的事情分心……

第 六 课

一、扣人心弦——传承与发扬

前文再续,书接上回,说那秦琼赶紧来了个缩颈藏头,把大刀躲过。二马圈回来,还没等关达动手,秦琼抢起双铜,直奔关达头顶打来。关达使个举火烧天式往外就架。秦琼这一招是虚的,没等关达的刀碰在铜上,秦琼把双铜撒回,一翻手奔关达的两肋便打。这一招叫大鹏双收翅。关达一看不好,双脚点镫,马往前提,好容易才把这一招躲过去。哪知秦琼铜法纯熟,手疾眼快,二马一错镫,秦琼的右手铜反腕子奔关达后背打来。关达再想躲可就来不及了,就听见"啪"的一声,正打在关达后背之上,把关达打得在马背上摇了两摇,晃了两晃,眼前金星乱冒,嗓子眼儿一发甜,心里一翻个儿,"哇"一口鲜血吐了出来,拨马逃命去了。秦琼并不追赶,把双铜一收:"关将军,恕秦琼失手了。"典鼓司一通鼓响,报告将台上的王爷和大帅:秦琼首战得胜。

训练提示

评书首先在语言上是铿锵有力、急缓分明的,对观众有着极强的冲击力,因此深受大家喜爱。评书对于语言的要求甚高,放置在教材中,不仅可以让教学内容变得丰富多彩,亦可纠正学生语音,同时增强学生的舞台表现力。

二、惟妙惟肖——话故事

小橡树的烦恼

在一个美丽的花园里,长满了各种各样的树木和花草,每一棵树、每一朵花都是那么挺拔娇艳,充满了生机和活力。

可是,在这之前的一段时间里,花园里的情形却不是这样,有一棵小橡树总是愁容满面。可怜的小家伙一直被一个问题困扰着:它不知道自己是谁。大家众说纷纭,更加让它困惑不已。苹果树认为它不够

扫码跟我练

专心:"如果你真的尽力了,一定会结出美丽的苹果,你看多容易。你还是需要更加努力。"小橡树听了它的话,心想:我已经很努力了,而且比你们想象的还要努力,可就是不行。想着想着,它就愈发伤心。玫瑰说:"别听它的,开出玫瑰花来才更容易,你看多漂亮。"失望的小橡树看着娇嫩欲滴的玫瑰花,也想和它一样,但是它越想和别人一样,就越觉得自己失败。

一天,鸟中的智者——雕来到了花园,看到唯独可爱的小橡树在一旁闷闷不乐,便上前打听。听了小橡树的困惑后,它说:"你的问题并不严重,地球上许多人面临着同样的问题。我来告诉你怎么办。你不要把生命浪费在去变成别人希望你成为的样子,你就是你自己,你永远无法变成别人,更没有必要变成别人的样子,你要试着了解你自己,做你自己,要想做到这一点,就要聆听自己内心的声音。"说完,雕就飞走了,留下小橡树独自思考。小橡树自言自语道:"做我自己?了解自己?倾听自己的内心声音?"

突然,小橡树茅塞顿开,它闭上眼睛,敞开心扉,终于听到了自己内心的声音:"你永远都结不出苹果,因为你不是苹果树;你也不会每年春天都开花,因为你不是玫瑰。你是一棵

橡树,你的命运就是要长得高大挺拔,给鸟儿们栖息,给游人们遮阴,创造美丽的环境。你有你的使命,去完成它吧!"小橡树顿时觉得浑身上下充满了自信和力量,它开始为实现自己的目标而努力,期待长成一棵大橡树,赢得大家的尊重。

(选自《儿童文选》,2019-09-06)

训练提示

认清自我,是人生的终极命题。正如故事中雕的一番话:"你不要把生命浪费在去变成别人希望你成为的样子,你就是你自己,你永远无法变成别人,更没有必要变成别人的样子,你要试着了解你自己,做你自己。"故事的整个基调要缓缓地,犹如一曲悠扬的小提琴曲一般,舒展开来。

三、声情并茂——今天我主持

主持训练。(要求:语言热情、有倾诉交流的分享感,主持风格:轻快)

主持词:

用语言"话"画之《声彩飞 young》栏目自上线以来,便深受广大同学们的喜爱,为了让更多同学参与其中,根据大家的建议,从本期,我们的《声彩飞 young》栏目将从每周五调整至每周日晚八点与大家准时相约。相信,在属于我们自己的这方舞台上,大家将会看到越来越多的精彩绽放。

还记得宋老师朗诵的那首《沪上少年说》吗?气势磅礴,让人心潮澎湃。是啊,少年是祖国的明天,少年是明天的未来,只要我们加倍努力,定将成为祖国之栋梁。

今天几位少年也要用这首《沪上少年说》来表达自己的决心,让我们走进《声彩飞young》!

四、引人入胜——作品表演训练

沪上少年说

宋易欣　宋护彬

炎黄立华夏,周公定乾坤,秦皇扫六合,汉武成大统,威我中华,立千年不倒,不敢忘耶;乾隆私自大,道光辱国权,咸丰仓皇逃,慈禧丧国颜,哀我中华,失百年之间,不敢忘耶;辛亥民国成,五四国民醒,北伐民主兴,抗战国权存,幸我中华,得血脉相传,不敢忘耶;至于渡江逐蒋,人民当家,中国遂立,国民欢腾,后事不论,全民幸也,犹不敢忘耶。

至于吾辈降生,邓公执笔,四海翻腾,鹏城开放,大申复兴,天下归心,国家昌盛,民主长存,虽国泰民安,国之兴任,亦在吾辈乎。

吾辈青年,若晨之于一日,苞之于一卉,梁之于一屋。

习公有云:君子当正衣冠,衣冠当谨绣扣,自首扣正,则绣扣正,绣扣正则衣冠正。

青年之于人生,则如首扣之于衣冠,珍于金石。

吾辈青年,如若不足,立行修正,耀朝阳之锋芒。

当与君同泽,王于兴师,修我矛戟,

与君协作,前途似海,来日方长。

诸君强,则沪上强,诸君强,则中国强!

美哉我沪上少年,与天不老,壮哉我沪上少年,与国无疆。

❗ 训练提示

每每仰望五星红旗于天安门广场缓缓升起,迎风飘扬的那一刻,耳畔仿佛回响起伟人毛泽东那一句掷地有声的:"中华人民共和国中央人民政府今天成立了!"彼时,心是振奋的,是自豪的。该文开始用了三个段落对历史进行回顾,情感有所不同,因此朗诵中语言的色彩、节奏也应有相应变化,尤其对于三个段落中的最后一句"不敢忘耶"包含着的荣辱兴衰,要多加考虑。之后文章描述一个蓬勃发展的新时代,发展之迅速,表达了新一代的责任与使命,整个朗诵基调变得积极向上,语言色彩明亮透彻,充满着对美好生活的向往和对使命担当的自豪。当朗诵到"习公有云"的典故时,节奏快慢交替,令人心潮澎湃。青年受到了鼓舞,表达出决心和对美好未来的信心,让我们看到了一批批国之栋梁的成长,看到了伟大的民族复兴之梦即将实现的美好愿景。朗诵时,铿锵有力,气势昂扬,这就是国家赋予每一个中国人的精神力量,也将会是中国少年奋发向上的精神动力!

五、大开眼界——经典吟诵

水调歌头·重上井冈山

毛泽东

久有凌云志,重上井冈山。千里来寻故地,旧貌变新颜。到处莺歌燕舞,更有潺潺流水,高路入云端。过了黄洋界,险处不须看。

风雷动,旌旗奋,是人寰。三十八年过去,弹指一挥间。可上九天揽月,可下五洋捉鳖,谈笑凯歌还。世上无难事,只要肯登攀。

🖋 译文

我从小就心怀凌云壮志,今天我重新登上井冈山。走了千里来寻访这片旧地,哪里还有半分它昔日的容颜。到处都是莺啼燕飞的晚春新景,还有汩汩畅行的流水,宽大的盘山公路直入云端。过了黄洋界隘口,就没有任何的险处可看了。

风和雷在运动,旌旗在招展,这就是人间。三十八年都过去了,犹如弹指的一刹那。可以飞向长空摘月亮,也可以潜下海洋捉鱼或鳖,谈笑间高奏凯歌还师。世上没有什么困难的事,只要肯下定决心去登攀。

第 七 课

一、扣人心弦——传承与发扬

贯 口

那悟空,五百年后被三藏法师救出,
从此保护唐僧西天取经。
观音寺夺袈裟、碗子山斗黄袍、
高老庄收八戒、流沙河降沙僧∨,
三打白骨精、巧夺芭蕉扇、
偷吃人参果、棒打蜘蛛精∨。
降服了金角银角、圣婴大王、六耳猕猴、黄眉老佛、九元灵圣、百眼魔君∨。
师徒一行走到那狮驼国狮驼岭,
又遇狮王、象王、鹏王三妖。
悟空,不敌那大鹏金翅雕,
这才请出如来佛祖,降服妖魔。

训练指导

①熟背贯口,注意节奏与气口("∨"即气口),做到稳中求快,慢中有快。
②要求口齿清晰,避免出错,一切以熟练为基础,在熟练的基础上尝试提高速度。

二、惟妙惟肖——话故事

光说不做的狐狸

春天到了,小动物们都忙着种菜种瓜。只有狐狸东荡荡西逛逛,什么事情也不愿意做。

这天,他来到熊大哥家门口,看见熊正准备刨地。他走过去问:

扫码跟我练

146

"哟,熊大哥,你准备种什么呢?"熊说:"是你呀,狐狸,我打算种红薯,你准备种什么呢?"狐狸拍了拍胸膛说:"我想种一大片西瓜,夏天吃西瓜,又甜又解渴。到时候我送你一个。"

与熊说了再见,狐狸又来到山羊姐姐的家门口,看见山羊正准备浇水。他走过去问道:"哟,山羊姐姐,你准备种什么呀?"山羊说:"噢,我打算种白菜。你准备种什么呀?"狐狸摇头晃脑地说:"我想种人参,多有营养啊。到时候我送你一支。"

离开山羊的家,狐狸又来到小兔子家门口。小兔子正在家门口的地里撒种子。狐狸走过去问:"小兔子,你在种什么呀?"小兔子说:"我在种红萝卜。你准备种什么呀?"狐狸神气地昂着头说:"我想种草莓,又酸又甜真好吃,到时候我送你一篮。"

其实呀,狐狸根本什么都没有做,只是嘴里说说罢了。

一转眼秋天到了。熊带来他种的红薯,对狐狸说:"狐狸,狐狸,我请你吃红薯。"山羊带来她种的白菜,对狐狸说:"狐狸,狐狸,我请你吃白菜。"小兔子带来他种的红萝卜,对狐狸说:"狐狸,狐狸,我请你吃红萝卜。"可狐狸什么也没有种,他低下头说:"谢谢你们,真不好意思。我没有什么东西可以给你们吃。"山羊姐姐走上去拍拍狐狸的肩膀说:"小狐狸,光说得好是不行的,还要真正做得好啊!"天下从来就没有掉馅饼的事情,狐狸想要种的东西也不可能自己长出来,所以它光嘴上说说怎么可能有收获呢! 不过幸运的是小动物们都非常友好,要不然狐狸早就饿死了。

所以,不要光说不做,最重要的是行动,这是做好一件事情的第一步哦!

(选自《儿童文选》,2019-12-02)

训练指导

此则故事为平行结构,内容虽简单,但对学生的表现力也提出了更高的要求。

在训练时,教师应侧重学生讲故事时的语言色彩、结构、逻辑、情感、重音等方面的练习。另外,学生对于故事中出现的各个角色的性格、语言特点、舞台方位、肢体动作都需不断地揣摩,方可做出恰当、贴切的表演。

三、声情并茂——今天我主持

主持训练。(以下为综艺现场竞技类主持词,要求主持人在保持热情、稳重、大气的主持风格的同时,节奏略快,彰显主持人扎实的基本功及敏捷的逻辑思维能力)

主持词:

春风送暖,万物复苏,在这样一个充满生机、充满希望的季节里,我们迎来了"上海市第二届青少年口头作文电视风采"展示活动。大家好,我是主持人×××。

为了彰显语言表达在孩子生活和成长中的重要性,从小培养孩子的语言表达能力,全方位提高孩子的写作水平,哈哈炫动卫视联合上海市写作学会主办的"青少年口头作文电视风采"展示活动应运而生。

想必大家一定看过我们"青少年口头作文电视风采"展示活动第一届的参赛小选手的表现了。在上一届的风采展示中,共有 5400 余人参加活动,300 名选手进入复评,13 名选手进入终评,分别获得人气少年、博学少年、活力少年、时代少年、脑洞少年、口才少年等奖项。在第一届活动中,选手们从羞涩含蓄到沉着自信,最后更是滔滔不绝,完全实现了自我蜕变。

今天我们又一次站在中华艺术宫的大舞台上,在这里我们将拉开"上海市第二届青少年口头作文电视风采"展示活动的序幕。究竟谁能在本次活动中脱颖而出,问鼎冠军呢?我宣布:"上海市第二届青少年口头作文电视风采"展示活动,现在开始!

四、引人入胜——作品表演训练

与朱元思书

(南北朝)吴均

风烟俱净,天山共色。从流飘荡,任意东西。自富阳至桐庐一百许里,奇山异水,天下独绝。

水皆缥(piǎo)碧,千丈见底。游鱼细石,直视无碍。急湍(tuān)甚箭,猛浪若奔。

夹(jiā)岸高山,皆生寒树,负势竞上,互相轩邈(miǎo),争高直指,千百成峰。泉水激石,泠泠(líng)作响;好鸟相鸣,嘤嘤(yīng)成韵。蝉则千转(zhuàn)不穷,猿则百叫无绝。鸢(yuān)飞戾(lì)天者,望峰息心;经纶(lún)世务者,窥谷忘反。横柯(kē)上蔽,在昼犹昏;疏条交映,有时见日。

训练指导

这是一篇山水小品,作者以简练明快的笔墨,描绘了一幅充满生机的大自然画卷,且仅用 144 字,便生动、形象地描绘出富春江沿途的旖旎风光,被视为骈文中的写景精品。吟诵此文,但觉景美、情美、词美、章美,如此短的篇幅却给人以美不胜收之感,令人叹为观止。文中运用大量的对偶句,如"泉水激石,泠泠作响;好鸟相鸣,嘤嘤成韵。蝉则千转不穷,猿则百叫无绝"。这达到了句式整齐、音韵和谐、对比立意、相映成趣的表达效果,朗朗上口,节奏感极强。既然是美景图画,就会有层次的远近、动静的交替,因此诵读时,要尽量揣摩文字,有见字如见画的切身体会,再将画转为"话"。就让我们徜徉在这优美的文字中,用艺术的语言"话"画吧。

五、大开眼界——经典吟诵

定风波·莫听穿林打叶声

(宋)苏轼

莫听穿林打叶声,何妨吟啸且徐行。竹杖芒鞋轻胜马,谁怕? 一蓑烟雨任平生。

料峭春风吹酒醒,微冷,山头斜照却相迎。回首向来萧瑟处,归去,也无风雨也无晴。

译文

不要害怕树林中风雨的声音,何妨放开喉咙吟唱从容而行。挂竹杖曳草鞋轻便胜过骑马,这都是小事情又有什么可怕的? 披一件蓑衣任凭风吹雨打,度过我的一生。

料峭的春风把我的酒意吹醒,身上略微感到一丝寒冷,看山头上斜阳已露出了笑脸。回首来程风雨潇潇的情景,归去不管它是风雨还是放晴。

第 八 课

一、扣人心弦——传承与发扬

书接上回,刘姥姥见到了荣国府的管家凤姐,那凤姐满身锦绣,珠光宝气,一双丹凤三角眼,两弯柳叶吊梢眉,粉面含春威不露,丹唇未启笑先闻。咱们书归正传,闲话少说,那刘姥姥厚着脸皮说了来意后,那凤姐哪可能把一个穷老婆子放在眼里,但你要知道那凤姐好面子,不论心里是否瞧得上,面子上总要过得去,礼数上要好看。我给各位学学凤姐,"别看我这大家大业的,但大有大的难处,今儿你既老远的来了,又是头一次见我张口,怎好叫你空手回去呢? 可巧昨儿太太给我的丫头们做衣裳的二十两银子,我还没动呢,你若不嫌少,就暂且先拿了去吧。"刘姥姥喜得眉开眼笑道:"我们也知艰难的,但俗话道,'瘦死的骆驼比马大',你老拔一根寒毛比我们的腰还粗呢!"要知道二十两对于贾家那是九牛一毛,可对于刘姥姥一家来说可是雪中送炭啊,刘姥姥自然是感激不尽,正是:得意浓时易接济,受恩深处胜亲朋。欲知后事如何,且听下回分解。

训练指导

在评书表演的训练中,教师需通过良好示范让学生了解评书要求的"五到",即心到、足到、口到、手到、眼到。在表演时灵活运用,其中嘴上的功夫尤其重要,评书并非平铺直叙地照本宣读,它需要表演者具备口、齿、唇、舌、喉的技巧,只有这样才能说得利落。因此,训练中教师要对学生的吐字、咬字要求严格,使其做到声音洪亮,咬字清晰、饱满。

二、惟妙惟肖——话故事

聪明的鳊鱼

扫码跟我练

水库的堤坝上有条排水沟,一群群的鱼从水库里游过来,往沟里游去。鳊鱼也游过来了,他拦住一条鲫鱼问:"你们去哪里呀?""我不知道去哪里,看到大家往那里游,我也就游过来了,我想那里一定很好玩。"鲫鱼说完,就跟着鱼群游走了。鳊鱼停在沟边,看着鱼群从身边游过。过了一会儿,他又拦住一条鲤鱼,问:"你们要去哪里呀?""我不知道去哪里,看到大家都往那边游,我就跟着游,我想那里一定有好吃的食物。"鲤鱼说完,也跟着鱼群游走了。鳊鱼仍然停在沟边观察,他看了很久,发现一件很奇怪的事:只见一条接一条的鱼往沟里游,却看不见一条鱼游回来。鳊鱼起了疑心,他转身独自游回了水库里。大约过了两个小时,一条鲫鱼惊慌地游回来了,见了鳊鱼,说:"从排水沟里游出去的鱼都进了一个又长又大的网袋。我拼命挣扎才逃了出来!"鳊鱼听了,自言自语地说:"看来,做事不思考,盲目地跟着别人去凑热闹,是会犯大错的啊!"

(选自《儿童文选》,2019-12-16)

训练指导

我们常说小故事大道理,这则故事恰恰反映了现实生活中人们的盲从心理。故事简单,无须多言,我们需要更多地关注学生对于故事立意的把握,让他们将简单的故事讲出令人久久回味、欲罢不能的艺术感染力。

三、声情并茂——今天我主持

主持训练。[主持过程中,尽量做到以假当真,想象眼前出现油盐酱醋及烹饪器具,才能正确地把握美食节目主持的语言节奏,让人如身临其境一般,同时,打开五觉(视觉、听觉、嗅觉、味觉、触觉)想象,让主持风格更加真实,贴切生活]

主持词:

亲爱的观众朋友们,小朋友们、大朋友们,大家早上好。欢迎来到《美食世界》,我是主持人×××。上一期节目带大家品尝了沈阳的宽巷子素菜馆中的佳肴,今天我们直通车到达的是东北美食第二站:春城——长春!"一锅出"是东北的特色菜。"一锅出"就是"主菜和主食放在一起上桌"的意思。用东北话说就是,锅里又炖菜又炜饼子,菜炖在锅底,饼贴在锅边,又方便又好吃,深受大家的欢迎。当然,主菜可以改成鱼、牛肉、排骨、鸡肉,主食也可以是小花卷,吃起来特别有味道,怎么样? 你学会了吗?

接下来,我们要去吃一道韩式石板豆腐。石板豆腐的原料是随处可以买到的普通豆腐。不放盐、不放味精,一定要用韩国特制的进口酱料。可是酱料再美味、烹饪技术再高超,如果没有底下那块不起眼的石板,也是万万不行的,因为石板盛着的豆腐会从底部发出一种浓焦香味。好啦,现在我们来品尝一下。嗯,菜刚刚端上来时,气味是淡淡的,但当你开始品尝石板豆腐时,那股特殊的味道就会渐渐充斥你的耳鼻咽喉。味道的确不错! 记住,吃这个时,一定不能喝冰镇啤酒,不然对身体有很大的伤害。

美食直通车,带你尝遍各种美食,今天的《美食世界》就到这里了,大家下周同一时间,再见!

四、引人入胜——作品表演训练

欢 乐

何其芳

告诉我,欢乐是什么颜色?
像白鸽的羽翅? 鹦鹉的红嘴?
欢乐是什么声音? 像一声芦笛?
还是从簌簌的松声到潺潺的流水?

是不是可握住的,如温情的手?
可看见的,如亮着爱怜的眼光?
会不会使心灵微微地颤抖,
而且静静地流泪,如同悲伤?

欢乐是怎样来的? 从什么地方?
萤火虫一样飞在朦胧的树荫?
香气一样散自蔷薇的花瓣上?
它来时脚上响不响着铃声?

对于欢乐,我的心是盲人的目,
但它是不是可爱的,如我的忧郁?

训练指导

何其芳,现代诗人、散文家。他从听觉、视觉、触觉等诸多感觉形式传达着"欢乐",使抽象的"欢乐"变得具体而又清晰可见。

欢乐是缤纷的色彩,欢乐是悠扬的笛声,欢乐是潺潺的流水;欢乐如温情的双手,欢乐如爱怜的眼光;它像树荫里寻梦的萤火虫,它像香气一样散自蔷薇的花瓣。

欢乐对诗人来说是一种渴望、一种向往,而作为诵读者,便是将这种渴望和向往用饱满的情绪、多变的声音,化为艺术的语言,时快时慢、时急时缓、忽明忽暗,将欢乐传递。

五、大开眼界——经典吟诵

后 羿 射 日

逮(dài)至尧之时,十日并出,焦禾稼(jià),杀草木,而民无所食。猰(yà)貐(yǔ)、凿齿、九婴、大风、封豨(xī)、修蛇,皆为民害。尧乃使后羿诛凿齿于畴(chóu)华之野,杀九婴于凶水之上,缴大风于青丘之泽,上射十日而下杀猰貐,断修蛇于洞庭,擒封豨于桑林。万民皆喜,置尧以为天子。

（选自《淮南子·本经训》）

译文

等到了尧的时候,有十个太阳一同出来。灼热的阳光晒焦了庄稼,花草树木枯死,老百姓连吃的东西也没有。猰貐、凿齿、九婴、大风、封豨、修蛇都来祸害人民。于是尧派后羿去为民除害,在南方的泽地荒野杀死凿齿,在北方的凶水杀灭九婴,在东方的大湖青丘用系着丝绳的箭来射大风,射十个太阳,接着又杀死猰貐,在洞庭湖砍断修蛇,在中原一带桑林擒获封豨。(后羿把那些灾害一一清除)民众都非常欢喜,并推举尧为天子。

第 九 课

一、扣人心弦——传承与发扬

温酒斩华雄

前文再续,书接上回。关云长得令前去对战华雄,临行之际,曹操说:"云长公,请饮此三斗热酒,以壮军威。""两军对垒,十万火急,待取了华雄首级归来,再饮不迟!"关羽一面说着,一面虎步离去。不多时,竟高挺胸膛,微合二目,手捻长须,走进大帐,啒不隆通,将一颗人头丢于帐下。众人定睛一看,却是华雄首级,各路诸侯一片哗然。张飞戏说:"我二哥这次算是露了大脸儿了。"只见关羽微微一笑,端起曹操所敬三斗热酒,一饮而尽,居然酒温尚存。正所谓义胆关云长,"温酒斩华雄"。

🏵 训练指导

本书节选的评书片段较简单,希望能让学生在艺术语言的领域里获取丰富的养分。在经历了几段评书的练习之后,学生如果在语言上已经基本过关,便可将重心转移至对肢体、眼神的刻画。对于学生来说,初期还是要以模仿为主,多多观摩著名评书表演艺术家的评书段子,也是非常重要的学习方法。

二、惟妙惟肖——话故事

与 狐 谋 皮

宋护彬(改编)

从前有个穷人,名曰阿三,他呀,有两个愿望,一是想得到一件狐皮长袍,这第二呢,就是想吃一顿美味佳肴。不知不觉,寒冷的冬天到来了,阿三冻得瑟瑟发抖,看着别人穿着暖和且华丽的狐皮长袍,他心里羡慕极了,心想:"如果我也能拥有一件这样价值千金的狐皮长袍该多好啊!"可再看看自己身上的破衣烂衫,他不禁仰天长叹道:"千金之裘,吾欲求之,求之不得,夜不能寐。"嘿,你还别说,精诚所至,金石为开,机会还真来了,这日,阿三闲来无事,在野地转悠,偶遇狐狸一只,便上前作揖,毕恭毕敬道:"尊敬的狐狸先生,鄙人阿三是也,你身上的皮毛可谓漂亮,可在狐狸圈内,又有谁会欣赏?披在你身上实在可惜,不如把它献于我,吾之裘皮送与你如何?"话音未落,狐狸以为遇到一个神经病,吓得转身窜至山里且广而告之:"喂,伙伴们,你们可要小心了!村里有个想要狐皮长袍的病人,叫阿三。"阿三没有得到狐皮,回到家里又冷又饿,于是又想起了第二个愿望:美味佳肴。闭上眼睛,一大桌丰盛的猪羊大餐立马出现了:先来一块羊排,再吃一根猪尾,啧啧啧,那滋味儿,甭提多香多美了!可一睁眼,羊排猪尾突然不见了。阿三垂头丧气地说:"没钱买猪、买羊,何来佳肴美味,不如去外面走走。"此刻,一只肥羊正低头享用美味青草,阿三三步并作两步,上前恳求道:"可爱的山羊兄弟,见你体壮膘肥,想必日子一定过得甚好,再看我面黄肌瘦,可谓苦不堪言,今日,我欲做一桌上好酒菜,奈无肉可烹,不知可否请兄弟献身乎?"正说话间,忽然"啪"的一声,一株青草甩在阿三的头上,又听"咩咩"两声,山羊兄弟已经一溜烟儿,逃得无影无踪了。请狐献皮、要羊献肉的事情很快在狐群和羊群中传开了,大家都远远地躲开了阿三。五年过去了,阿三没有弄到一只羊;十年过去了,阿三没有穿上一件狐皮长袍。同学们,你们说说这是为什么呢?

扫码跟我练

训练指导

这是一个由简单的成语改编而成的小故事,语言风趣幽默且引人发省,同学们也可以自己改编成语故事并尝试着讲一讲、演一演。

三、声情并茂——今天我主持

请以"中华好诗词"为节目主题,写一篇节目串词。要求首先吟诵一篇古诗词,之后对古诗词进行赏析。赏析文字应尽量有感而发,贴近生活,这样的"讲"才会使观众聚精会神地"听"。

例:

各位观众朋友,欢迎来到《中华好诗词》节目,我是主持人×××。今天,我将带大家欣赏伟大诗人李白所创作的一首七言绝句——《望天门山》。

天门中断楚江开,碧水东流至此回。

两岸青山相对出,孤帆一片日边来。

朋友们,听到这里,您是否已经领略到天门山的雄奇壮观? 是否能感受到江水那浩荡奔流的磅礴气势? 是否也被诗仙李白所特有的自由洒脱、无拘无束和乐观豪迈所深深打动呢? 你们看,东梁山和西梁山,两山隔江相对,形同天设的门户,横夹楚江,好似一道被大江冲开的大门。你们瞧,碧绿的江水浩浩荡荡,向北流去。而"我"此刻乘着一叶小舟,从水天相接的红日中顺流而下。两岸那高高耸立的青山缓缓走出,好似在迎接着"我"这个远道而来的江上来客。

优美的诗歌,就像潺潺的小溪,润物无声,荡涤心灵。

"诗中有景,诗中有意! 陶醉其中,不亦乐乎?"亲爱的观众朋友们,今天的《中华好诗词》节目到这里就要跟大家说再见了。下期节目我将和您一起品读王安石的《元日》,一起走进九百多年前的新年图画当中,去感受那浓浓的节日气息,我们下周同一时间,再见!

四、引人入胜——作品表演训练

口 技

(清)林嗣环

京中有善口技者。会宾客大宴,于厅事之东北角,施八尺屏障,口技人坐屏障中,一桌、一椅、一扇、一抚尺而已。众宾团坐。少顷,但闻屏障中抚尺一下,满坐寂然,无敢哗者。

遥闻深巷中犬吠,便有妇人惊觉欠伸,其夫呓语。既而儿醒,大啼。夫亦醒。妇抚儿乳,儿含乳啼,妇拍而呜之。又一大儿醒,絮絮不止。当是时,妇手拍儿声,口中呜声,儿含乳啼声,大儿初醒声,夫叱大儿声,一时齐发,众妙毕备。满坐宾客无不伸颈,侧目,微笑,默叹,以为妙绝。

未几,夫齁声起,妇拍儿亦渐拍渐止。微闻有鼠作作索索,盆器倾侧,妇梦中咳嗽。宾客意少舒,稍稍正坐。

忽一人大呼:"火起",夫起大呼,妇亦起大呼。两儿齐哭。俄而百千人大呼,百千儿哭,百千犬吠。中间力拉崩倒之声,火爆声,呼呼风声,百千齐作;又夹百千求救声,曳屋许许声,抢夺声,泼水声。凡所应有,无所不有。虽人有百手,手有百指,不能指其一端;人有百口,口有百舌,不能名其一处也。于是宾客无不变色离席,奋袖出臂,两股战战,几欲先走。

忽然抚尺一下,群响毕绝。撤屏视之,一人、一桌、一椅、一扇、一抚尺而已。

训练指导

文中,口技表演者的高超技艺表现在三个方面:第一,模拟声音之复杂。第二,所用道具之简单。听众从复杂的声音效果和简单道具的对比中更加深刻地体会到口技表演者的技艺之高超。第三,听众反应之强烈。文中有三处描述听众的反应:一是表演者表演一家大小从睡梦中惊醒的场景后,宾客"无不伸颈,侧目,微笑,默叹",此时,听众已经进入口技表演者营造的情境之中但尚能自持。二是表演者表演了一家大小又进入梦乡的场景后,听众"意少舒,稍稍正坐",说明他们的心态随表演内容的变化而变化,已融入表演的情境之中而难以自持。三是"宾客无不变色离席,奋袖出臂,两股战战,几欲先走",说明口技表演达到了以假乱真的绝妙境界,听众完全进入表演者营造的生活情境之中而不能自持。诵读时,学生首先要就口技所描绘画面做出预判,同时,不可因急于表现技巧,而出现一快到底,咬字、吐字含糊不清的现象。正确的方法,应是由慢渐快,由弱及强,强弱快慢交替自如,且均须根据口技所描绘的场景做出语言、色彩、节奏的处理。

五、大开眼界——经典吟诵

良 桐 为 琴

(明)刘基

工之侨得良桐焉,斫而为琴,弦而鼓之,金声而玉应,自以为天下之美也。献之太常,使国工视之,曰:"弗古。"还之。工之侨以归,谋诸漆工,作断纹焉;又谋诸篆工,作古窾识焉;匣而埋诸土。期年出之,抱以适市。贵人过而见之,易之以百金,献诸朝。乐官传视,皆曰:"希世之珍也!"

工之侨闻之,叹曰:"悲哉世也!岂独一琴哉?莫不然矣。而不早图之,其与亡矣。"遂去,入于宕之山,不知其所终。

译文

工之侨得到了一根质地优良的桐木,把它砍削成琴,又安上弦弹奏,发出像金子一样的清脆声音,像玉器一样的回音,他自认为这是天下最美妙的琴了。工之侨把琴献给太常,太常让高级乐器师来鉴别,乐器师说:"(这琴)不古老。"把它还给了工之侨。工之侨把琴带回家,跟漆工商量,在琴上画了一些残断不齐的花纹;又跟刻字工商量,在琴上刻了一些古代器皿上的题名;然后用匣子装着把它埋到土里。过了一年工之侨再挖出它来,抱着琴去街市上。一个有权势的人经过看到了这琴,用一百金买下了它,再献给朝廷。主管礼乐的官员们,传看这把琴,都说:"这琴是世界上少有的珍宝啊!"工之侨听说了,感叹说:"这个世界真可悲啊!难道只是这一把琴吗?没有一件事不是这样的,如果不早做打算,我就要和这个世界一起灭亡了。"于是(工之侨)就离开了,到不知名的山中,最后不知去向。

第 十 课

一、扣人心弦——传承与发扬

岳 飞 传

大宋朝,高宗皇帝年间,金兀术率领数十万金兵,兵进中原,兵扎爱华山!连书战表,打入宋朝国都。宋天子派岳飞再次出兵,在爱华山外扎足营盘。歇兵三日,响炮出兵,到出兵这天,军政司点齐一万人马,火都司筑十门大炮。岳飞率牛皋、汤显宣诏侃话。不一会儿,门旗列展,任标旗两旁,三百里战车一字排开,这时前来传讯的小兵叫阵:哎——北国的金兵听着,尔等速来交锋,要不然就马踏高山喽。加急送信的回话:金国的大帅亲自出兵啦!话音刚落,从山外连声炮响,宋兵顿时倾巢出动,铺天盖地,压压叉叉。大旗小旗数不胜数,战旗有一字长蛇旗、二龙出水旗、三台旗、四面兜底旗、五十五方旗、六十六甲旗、七星旗、八卦旗、九宫旗、十面埋伏旗!还有飞龙旗、飞凤旗、飞虎旗、飞豹旗、飞彪旗、飞熊旗、飞鱼旗、飞鳌旗、三十六罡旗、七十二煞旗,外加一百单八展压阵旗!旗压旗,旗抵旗,旗展旗,旗越旗,旗帜招展,后代飘扬!此刻,岳飞阵前点将,急枪跃马,这正是要收复宋朝之大好河山!

训练指导

评书的特点:①故事性强。②篇幅一般较长。③人物众多、情节复杂,但结构单一,脉络清晰。④语言丰富,表演细致,人物性格鲜明、突出,细节描写较多。训练中,首先引导学生记忆,尽量做到一气呵成,应强调从慢练起。

二、惟妙惟肖——话故事

鸭 子 学 飞

鸭子本来可以飞得很高,成为一个飞行家。可是鸭子实在太懒了,做什么事都不愿付出努力,而且一做事就抱怨。

你看,老师正在教小鸭子和小鹰在空中挥动翅膀的技巧。小鹰认真听,认真练。而小鸭子却东看看,西望望,飞了一会儿就抱怨说:"我的翅膀好酸啊,我还这么小,万一把我的翅膀累坏了,以后怎么当飞行家呢?"于是,它叼着一条小鱼跑到一个水池那儿坐着去了。老师又要教小鸭子和小鹰飞越高山和云彩的技巧了。小鹰仔细听仔细练,汗珠子滴滴答答流了好多。小鸭子呢,才飞了一半,就嚷嚷老师找的山太高了,它说:"我刚学习飞行,这么高的山很容易打击我的信心啊。老师做得真不好。"练习飞越云彩的时候,刚刚快要和云彩一个高度了,小鸭子又抱怨说:"云彩这么湿,把我的羽毛都弄湿了,而且天天这样练,多容易得风湿啊,真讨厌。"于是,趁老师一个不注意,它又叼着一条小鱼跑到草窝里睡觉去了。日复一日,做什么小鸭子都抱怨:飞不高,埋怨风太大阻碍了自己用力;飞不快,埋怨老师不让自己吃零食,太饿了没有力气……就这样,抱怨啊抱怨,当小鹰可以翱翔在高空中时,小鸭子只能带着自己退化的翅膀扑棱在河面上。爱抱怨的小鸭子终于不用再练习飞行了。据说,直到今天,鸭子还在水面上牢骚满腹地嘎嘎叫着,从不低头反省一下自己到底错在哪儿。

(选自《儿童文选》,2019-10-23)

训练指导

讲述表演中,对于两个角色的互换,可简单运用左和右两个方位,辅以语言变化及肢体调整,让观众能看到两个鲜活的角色。

三、声情并茂——今天我主持

主持训练。(相比于其他主持词,本段主持需要主持人更加稳重,富有内涵,因此,在主持风格上需自然、流畅、亲近、温和)

主持词:

亲爱的观众朋友们,大家好!

我是主持人×××。一提到秋,你眼前会浮现出怎样的景致呢?秋雨淅沥,隐居终南山的王维感到的是"空山新雨后,天气晚来秋"的惬意。秋夜宁静,游玩洞庭湖的刘禹锡欣赏的是"湖光秋月两相和,潭面无风镜未磨"的柔美。客居他乡的张籍,想的是"洛阳城里见秋风,欲作家书意万重",这是一份多么浓烈的思乡情啊!颠沛流离的杜甫,最感慨的是"万里悲秋常作客,百年多病独登台",这是一部多么凄苦的流浪史啊!一样的秋天,在不一样的人眼中,又是截然不同的。由于心境的不同,眼中的秋色也自然不同。那么在今天的《中华好诗词》节目中,我将带领大家来赏析胡秉言的《秋》,跟着我一起在诗文中最美的秋色里徜徉吧!

四、引人入胜——作品表演训练

致全美中国留学生的一封公开信(节选)

朱光亚

同学们:

是我们回国参加祖国建设工作的时候了。祖国的建设急迫地需要我们!人民政府已经一而再再而三地大声召唤我们,北京电台也发出了号召同学回国的呼声。人民政府在欢迎和招待回国的留学生。同学们,祖国的父老们对我们寄存了无限的希望,我们还有什么犹豫的呢?还有什么可以迟疑的呢?我们还在这里彷徨做什么?同学们,我们都是在中国长大的,我们受了20多年的教育,自己不曾种过一粒米,不曾挖过一块煤。我们都是靠千千万万终日劳动的中国工农大众的血汗供养长大的。现在他们渴望我们,我们还不该赶快回去,把自己的一技之长,献给祖国的人民吗?是的,我们该赶快回去了。

…………

同学们,听吧!祖国在向我们召唤,四万万五千万的父老兄弟在向我们召唤,五千年的光辉在向我们召唤,我们的人民政府在向我们召唤!回去吧!让我们回去把我们的血汗洒在祖国的土地上灌溉出灿烂的花朵。我们中国是要出头的,我们的民族再也不是一个被人侮辱的民族了!我们已经站起来了,回去吧,赶快回去吧!祖国在迫切地等待我们!

❗ 训练提示

这是一封信,用表演形式呈现,须具有很强的感染力,如果表演的语言失去了号召力是无法打动听众的,更没有办法达到号召大家回国的目的。可以参考口号式的朗诵方式,短促有力,音调稍高,达到呼号的效果。

开篇第一句话,"同学们"这三个字很重要,是全篇的开篇,也是定基调的三个字,语言应铿锵有力,慷慨激昂,感觉面对上万人发出号召,眼神坚定,为后续做好铺垫。

"是我们回国参加祖国建设工作的时候了。祖国的建设急迫地需要我们!"延续第一句话呼号的状态,突出第二句中"急迫"这个词,语言的力度和速度要加强,表现出对回国的急迫感,加强情绪渲染。

后面的三句"人民政府已经……人民政府在欢迎和招待回国的留学生",要表现出对这件事情的一种美好的希望,要告诉这些留学生们,祖国在欢迎、招待他们,他们应该赶快回去。紧接着后面的三个疑问句排比,可能有的人在犹豫,有的人在彷徨,有的人在想到底是走还是留,此处连接要紧凑有力,直击听众的心灵。

"同学们,我们都是在中国长大的……我们该赶快回去了",这里整个情绪可以稍稍平稳,但是平稳并不代表平静、没有情绪,这里传递的是一种愧疚。

最后一段需要一气呵成,但是在开始之前,我们需要有一个长的停顿。朗诵者受到感召之后,再开口说这一段,层层递进。最后几句"我们中国是要出头的……祖国在迫切地等待我们"一定要坚定且充满希望,有一种民族自豪感,语言的力度一定要最强,情绪要兴奋,把整个朗诵推向高潮,为作品做一个完美收尾。

五、大开眼界——经典吟诵

破 釜 沉 舟

项羽已杀卿子冠军,威震楚国,名闻诸侯。乃遣当阳君、蒲将军将卒二万渡河,救巨鹿。战少(shāo)利,陈余(yú)复请兵。项羽乃悉引兵渡河,皆沉船,破釜甑(zèng),烧庐舍,持三日粮,以示士卒必死,无一还心。于是至则围王离,与秦军遇,九战,绝其甬道,大破之,杀苏角,虏王离。

(选自《史记·项羽本纪》)

译文

项羽诛杀了卿子冠军,威震楚国,名扬诸侯。他首先派遣当阳君、蒲将军率领二万人渡过漳河,援救巨鹿。战争只有一些小的胜利,陈余又来请求增援。项羽就率领全部军队渡过漳河,把船只全部弄沉,把锅碗全部砸破,把军营全部烧毁,只带上三天的干粮,以此向士卒表示一定要决死战斗,毫无退还之心。部队抵达前线,就包围了王离,与秦军相遇,交战多次,阻断了秦军所筑甬道,大败秦军,杀了苏角,俘虏了王离。

第十一课

一、扣人心弦——传承与发扬

说我咱我就咱,闲来无事捋舌头:什么上山吱扭扭,什么下山乱点头,什么有头无有尾,什么有尾无有头,什么有腿家中坐,什么没腿游汴州,赵州桥什么人修,玉石栏杆什么人留,什么人骑驴桥上走,什么人推车轧道沟,什么人扛刀桥上站,什么人勒马看春秋,什么人白,什么人黑,什么人胡子一大堆,什么圆圆在天边,什么圆圆在眼前,什么圆圆长街卖,什么圆圆道两边,什么鸟穿青又穿白,什么鸟穿出皂靴来,什么鸟身披十样锦,什么鸟身披麻布口袋?双扇门,单扇开,我自己出谜儿自己猜。车子上山吱扭扭,瘸子下山乱点头,蛤蟆有头无有尾,蝎子有尾无有头,有腿儿的板凳家中坐,没腿的梁船游汴州,赵州桥,鲁班修,玉石栏杆圣人留,张果老骑驴桥上走,财王爷推车轧道沟,周仓扛刀桥上站,关公勒马看春秋,罗成白,敬德黑,张飞胡子一大堆,月亮圆圆在天边,眼睛圆圆在眼前,烧饼圆圆长街卖,车轱辘圆圆道两边,喜鹊穿青又穿白,乌鸦穿出皂靴来,野鸡身披十样锦,鹗丽儿身披麻布口袋。

训练指导

贯口里的大段叙述,一般被称作"趟子"。说的时候,必须注意语气的迟急顿挫、语调的婉转悠扬,要说得快而不乱,慢而不断,以免引起观众和演员心理上的紧张。在说"趟子"时,还要注意掌握好"气口",选择合适的换气位置,使听众能保持情绪的连贯。当然,这需要教师指点和学生自己在实践当中摸索。如果"气口"找不准或者找不到,在比较长的"趟子"里,演员就会憋得脸红脖子粗,使听众心理上增加负担,影响演出的艺术效果。

二、惟妙惟肖——话故事

虚荣的代价

扫码跟我练

火红的晚霞映得大地万物生辉,在一片割去谷子的稻田里,田鼠阿利东张西望地转悠着,它在寻找食物。忽然,它的脚抖得厉害——前面草丛旁躺着一条蛇!阿利大惊失色,转身就要逃,一想:咦,蛇应该早就看见我了,为什么没动静?难道是睡着了?蛇睡觉应该是蜷成一团的呀,莫非是死了?阿利盯着蛇看了好久,蛇仍一动不动,它小心翼翼地向蛇走去。果然是一条死蛇,看起来像是刚刚死去的。阿利打量着蛇,眼睛一转:"哈哈,我扬名的时候到啦!"它拖起死蛇往家走。到了家门口,阿利扯开喉咙,大声喊:"大家快来看呀,我咬死了一条蛇。"

一会儿,田鼠们都来了。大家十分惊奇,议论个不停:"蛇历来是我们的克星,阿利竟能……""阿利,这条蛇真是你咬死的吗?"其中一只田鼠不无怀疑地问。"怎么,你们不信?"阿利脸一沉,"告诉你们,我早就有对付蛇的本领了,只是一直没碰到蛇罢了。好吧,我给你们讲讲我是怎么咬死这条蛇的。在一个草丛旁,我碰见了这条蛇,同时它也看见了我,向我逼来,我才不怕呢,冲上去……"阿利绘声绘色,讲得神乎其神,大家不再怀疑,完全相信了:"阿利真勇敢! 阿利了不起! 阿利真伟大……"阿利从此名声大振,大家对它刮目相看,百般尊敬。

日月交替,日子一天天过去。这天中午,一条花蛇悄悄向田鼠们的住宅区爬来。一只叫路易的田鼠出洞玩儿,往远处一眺,看见了花蛇,大吃一惊,急忙挨家挨户喊:"蛇来了!快逃呀! 蛇来了……"田鼠们迅速跑出各自的洞,逃到了住宅区对面的山坡上。路易看着对面的花蛇,忽然"哎呀"一声大叫:"糟糕,我忘记叫阿利逃了,它还在洞里!"说着就要跑回去叫。别的田鼠一把拉住了它:"我说你真是给吓糊涂了,花蛇奈何得了阿利吗? 要是它敢去阿利洞里,那真是找死了!""唉,我真是吓糊涂了。"路易一拍脑袋,"花蛇如果没去阿利洞里,等它走时我们也要去叫阿利,叫阿利追上去收拾它!"田鼠们看着对面的花蛇。花蛇爬进了路易的洞,一无所获地爬了出来,又爬进了路易邻居的洞,仍一无所获,又爬出来,爬进去……一洞接一洞,最后终于爬进了阿利的洞里!"哈,送死啦! 送死啦!"田鼠们一片欢呼。可是,一会儿后,花蛇却安然无恙,缓慢地爬出洞来! 田鼠们的欢呼戛然而止,大家你看我,我看你,惊讶至极。

花蛇爬走了。田鼠们马上跑起来,潮水般涌进了阿利的洞里——没有阿利,洞中空空如也。顿时,大家明白了一切……"唉!"良久,大家为死去的阿利重叹一声。

(摘自张先震《我的地盘我做主》)

训练指导

正如题目所言,人要为自己的虚荣付出代价。本章中的每一篇故事都可谓精品,结构紧凑,语言生动,且篇篇蕴含着深刻的道理。训练时,切不可误以为故事简单而放松对每一篇故事表演的侧重点的重视与练习。建议教师在故事训练中,可根据学生年龄的大小、理解力的差异、基础的强弱等因素来为学生量身打造合乎其表演的形态。

三、声情并茂——今天我主持

主持训练。(这是一篇旅游主持词,模拟主持时要考虑室外场景的真切感受。对于语言的张力及主持的状态,做出与室内主持不同的处理。模拟主持中想象自己置身于真实景点中)

主持词:

行走神州大地,游历世间风情。

电视机前的观众朋友们,大家好!欢迎来到《行游天下》,我是主持人×××。

最近啊,我们又迎来了祖国母亲的生日。而在这七天的长假中,有人选择出国,领略异域风情,有人选择背上行囊,遍游祖国大好河山。而在这里,我们也推荐一种方式,那便是继续锁定我们的节目,足不出户却能和我们一起,遍览蓝天白云,寻找美丽风景。

而在今天,节目组便来到上海,走进上海市民们的文化生活,来探寻这一国际大都市的独特魅力。下面进入"跟我游"。

说起上海,那就不得不提位于上海老城厢东北部的豫园了。豫园是始建于明代的江南古典园林,占地30余亩,至今已有400多年。有许多著名事件发生于此,有一些珍贵的文物存放在这。而现在呢,我们正位于豫园的门口。话不多说,就让我们出发吧!

现在我们正位于豫园内的点春堂。说起这点春堂啊,它可不一般,它的名字出自苏东坡先生的词句。小刀会起义时,这里便是起义军的城北指挥所。在起义失败之后,点春堂便被付之一炬。所以我们现在所看到的点春堂,是政府部门在20世纪50年代中期所修缮过的。堂内现存有晚清画家任伯年的巨幅《观剑图》和书法家沈尹默书写的对联"胆墨包空廓,心源留粹精"。

…………

很快,节目就走向了尾声,我们就又要与大家说再见了。但别失落,在明天,也就是国庆假期的第二天,我们节目组将遍游朱家角,去寻找属于江南的风味。而在节目中又会发生一些什么有趣的事呢?请锁定周二晚上八点的《行游天下》。我是主持人×××,我们明天再见!

四、引人入胜——作品表演训练

东方安徒生

——献给敬爱的陈伯吹爷爷110周年诞辰(情景朗诵诗)

黄玉燕

让我们把脚步放得轻点、再轻点,

因为此刻,一部新的童话故事,

正在他的脑海中构思、浮现。

让我们把景仰的目光投向这尊雕像,

那双充满慈爱的眼睛里,

依然还透溢着慈爱的温暖。

同学们，欢迎参观陈伯吹纪念馆，

这里啊，矗立着一位伟大的人物，

他是我们宝山一张最闪亮的名片！

我从小听着他的童话长大，

那些好听的故事一直伴随着我的童年！

为什么他把一生都献给了童话，

91 岁的人生总是与孩子们相伴？

110 年前，1906 年 8 月的一天，

陈伯吹爷爷降生在了宝山罗店。

他和 1805 年出生的丹麦作家安徒生，

刚好相差了整整 100 年。

仿佛是带着安徒生未完成的使命，

陈伯吹接过了他的文学之笔，

在世界的东方——中国，

为孩子们打开了一个纯真而斑斓的童话乐园。

小朋友们，

你们可知道陈爷爷最著名的童话是哪篇？

我知道，是《一只想飞的猫》，

还有，《幻想张开着彩色的翅膀》！

是的！ 其实，陈爷爷不仅是中国著名的童话作家，

他还是位翻译家、出版家和教育家，

数不清的童话、小说、诗歌、散文集，

从他的笔下汩汩流出，

走进了书店，走进了图书馆，走进了电台……

那陈伯吹爷爷一定很富有吧，

为什么，他在 1981 年，

一下子捐出了 5.5 万元？

孩子们，这笔钱啊，

是陈爷爷一生的积蓄，

可他却全部拿了出来，

设立了"陈伯吹儿童文学奖"，

以奖励更多的作家为儿童把精品奉献。

当时他的工资每月只有 44 元……

可为了心爱的孩子们，

他甘愿掏尽自己一生的血汗，

《阿丽思小姐》

《桔灯的故事》

《采颗星星下来》

《老虎的尾巴》

陈伯吹爷爷，我们多么想念您，

每当我们读着您写给我们的童话，

我们就仿佛走进了一座树绿鸟鸣的花园。

陈伯吹爷爷，您没有走远，

您依然还活在您的童话里，

活在您最热爱的故乡——宝山！

您的勤奋、正直、严谨和慈爱，

是我们一生的精神财富和力量源泉！

陈伯吹，一位举世瞩目的"东方安徒生"，

为中国留下了那么多圣洁的文化遗产。

"眼中有孩子、心中有未来"，

这是陈伯吹爷爷留给世间最美的语言。

今天，放眼美丽如画的宝山，

一座游轮码头崛起在长江之畔。

让我们像陈爷爷那样——

怀揣一颗童真之心，

满载心中多彩的梦想，

一起驶向那——

"水面发亮、温暖的春天"！

一起驶向那"水面发亮、温暖的春天"！

训练指导

诗歌以老师和学生之间对话的形式,铺陈了陈伯吹爷爷一生为孩子们所做的文学贡献。读诗的我们,仿佛正在陈伯吹爷爷的纪念馆里驻足观看,久久不愿离去。陈爷爷为我们留下的文学瑰宝照亮着我们前行的路。诗歌文字朴素,却字字句句透射出孩子们对陈伯吹爷爷的怀念及崇敬之情。这是一首不可多得,适合学生诵读、表演的好作品。建议在诵读训练时,以情境再现的形式将诗歌内容全方位地呈现出来。让我们永远记住这位用一生为孩子们打开了一个纯真而斑斓的童话乐园的"东方安徒生"吧。

五、大开眼界——经典吟诵

记承天寺夜游

(宋)苏轼

宋元丰六年十月十二日夜,解衣欲睡,月色入户,欣然起行。念无与为乐者,遂至承天寺寻张怀民。怀民亦未寝,相与步于中庭。庭下如积水空明,水中藻荇交横,盖竹柏影也。何夜无月?何处无竹柏?但少闲人如吾两人者耳。

译文

宋元丰六年(1083年)十月十二日夜晚,(我)脱下衣服准备睡觉时,恰好看见月光照在门上,(于是我就)高兴地起床出门散步。想到没有和我一起游乐的人,于是(我)前往承天寺寻找张怀民。怀民也没有睡,我们便一同在庭院中散步。月光照在庭院里像积满了清水一样澄澈透明,水中的水藻、荇菜纵横交错,原来是竹子和柏树的影子。哪一个夜晚没有月光?(又有)哪个地方没有竹子和柏树呢?只是缺少像我们两个这样清闲的人罢了。

第十二课

一、扣人心弦——传承与发扬

十道黑

一道黑,两道黑,三四五六七道黑,八九道黑十道黑。我买了一个烟袋乌木杆儿,我是抓着它那两头那么一道黑。二兄弟描眉来演戏,瞧着他那镜子那么两道黑。粉皮墙写川字儿,横瞧竖瞧三道黑。象牙的桌子乌木的腿儿,放在那个炕上那么四道黑。我买了一只母鸡不下蛋,把它搁在那个笼里捂(五)到黑。挺好的骡子不吃草,把它拉到那个街上遛(六)到黑。买个小驴不驮磨,备上它的鞍鞯骑(七)到黑。二姑娘南洼去割菜,丢了她的镰刀拔(八)到黑。月窠儿的孩子得了病,团几个艾球灸(九)到黑。卖瓜子的打瞌睡,呼啦啦撒了那么一大堆,他的笤帚簸箕不凑手,那么一个一个拾(十)到黑。

！训练提示

贯口是对口相声中常见的表现形式,也叫"背口"。"贯"是连贯的贯,就是一气呵成,麻利地、有节奏地把一段词儿说出来。训练中,教师同样要根据学生的基础(咬字、气息、表现力等)提出要求,循序渐进。

二、惟妙惟肖——话故事

胖嫂回娘家

扫码跟我练

从前有个胖嫂,粗心大意,闹了个大笑话。有一天,胖嫂哄她的小宝宝睡觉,哄着哄着,小宝宝睡着了,她怕小宝宝从床上滚下来,就拿了个枕头拦在床边。接着她又拿了个小斗篷,想往小宝宝身上盖。忽然听到屋子外面有人叫她:"胖嫂,你妈来信了!"胖嫂急着要去拿信,没留意把那小斗篷盖到大枕头上去了。胖嫂接过信来一看,差点急得哭出来。信上说:"妈妈害了重病,起不了床……"胖嫂没把信看完,就往口袋里一塞,要看她妈妈去。她急急忙忙去抱孩子,哎呀,粗心的胖嫂,把大枕头当作小宝宝了。这时候,天已黑下来了,胖嫂跑哇跑哇,没看清路,跑到一块冬瓜地里去了,一不小心,被冬瓜藤绊了一跤,一松手,把那个大枕头扔了。"小宝宝,你在哪呀? 小宝宝,你在哪呀?"胖嫂摸了好一阵,摸到了那个小斗篷,那个小斗篷正好落在一只大冬瓜上,她就将小斗篷把大冬瓜一裹,抱了起来。"小宝宝,你摔疼了吧? 哈,你不哭也不叫,真是一个乖宝宝!"粗心的胖嫂,抱起冬瓜就跑。

胖嫂赶到妈妈住的村子,没看清是谁家的门,就乒乒乓乓地敲了起来。这户人家,正好爸爸在打孩子,孩子哭着叫妈妈:"妈妈呀,妈妈呀……"胖嫂一听,愣住了,她以为自己的妈妈已经病死了,她的弟弟在哭呢,就一屁股坐在门口,也大哭起来:"妈妈呀,妈妈呀!"这户人家听见外面有人在大哭,连忙打开门,一看,认得是胖嫂,觉得很奇怪,这是怎么回事呀? 邻居们听见哭声,都赶来了,胖嫂的妈妈也赶来了,一看是自己的女儿,就问:"哎呀,孩子你这是怎么了?"胖嫂抬起头来,看见自己的妈妈,咧开嘴巴笑了:"妈妈,您好好儿的,怎么写信来说得重病了?"她妈妈说:"瞧你多粗心,你把我的信拿出来,仔细看一看。"胖嫂跟着妈妈回家去,拿出信来一看,原来前面写的是"妈妈得了重病,起不了床",后面写的是"吃了药,很快就好了"。妈妈看见女儿抱了小宝宝来,心里挺高兴,把小宝宝抱了过来:"我的好外孙,让姥姥亲亲你的小脸蛋儿……"她妈妈掀开小斗篷一看,吓得哇地叫起来:"孩子,你怎么抱了个大冬瓜来呀?"不得了,不得了!把小宝宝丢在冬瓜地里了!胖嫂着急了,她妈妈也着急了;胖嫂哭了,她妈妈也哭了。她们点了一盏灯,一路走,一路哭,到冬瓜地里去找小宝宝。她们来到冬瓜地里东找西找,只找到一个大枕头。她妈妈捡起大枕头瞧了瞧,说:"这不是你家的枕头吗?"胖嫂一看也认出来了,她拍拍脑门想了想,说:"我把大枕头当作小宝宝了。我的小宝宝还在家里呢。"

她妈妈又陪着她回家去,打开门一看,床上空空的,哪有小宝宝呀!胖嫂倒在床上,呜呜地哭起来:"我的宝宝呀,你上哪儿去啦?呜呜呜……"胖嫂一哭,床底下也呜呜地哭起来了,原来小宝宝掉到床下,又滚到床底下去了。

（改编自民间故事）

> **训练提示**

故事以胖嫂的"粗心大意"为主线,为我们刻画了一个憨厚可爱的民间妇女形象。在故事中,从第一次将枕头错当作宝宝开始,一出出的笑话便不断上演。在讲述中,讲述者要用语言的艺术魅力将枕头事件、冬瓜事件、妈妈事件串联成一条语言项链。在训练中,建议教师将相关的曲艺语言及表现手法运用于此故事中,一定会有惊喜的舞台表现效果。

三、声情并茂——今天我主持

主持训练。(一个成功的主持人,对于不同类型的节目,要运用不同的主持风格。主持人的服装、妆容、语言风格、情感等方面,都要做出相应的调整,以达到准确驾驭节目的目的。有时主持人要和大家面对面,零距离聊天以产生亲切感,因此建议设定座椅,以访谈形式进行)

主持词:

亲爱的观众朋友们,大家下午好!又到了《欢乐少年说》节目时间,我是主持人×××。

今天,我想和大家说一说"主持人素养"这一话题。说到主持人,我们不禁想起董卿老师的亲切、温婉,想起月亮姐姐的活泼、热情,想起崔永元老师的朴实、幽默。

好的主持人,能让节目更加地深入人心,荡涤心灵。主持人要注重培养自己机智、冷静的特质,时刻为处理现场各种突发事件做好准备。

20世纪50年代,在一个记者招待会上,一位美国记者看到周总理桌上有支美国派克钢笔,就讥讽地说:"请问总理阁下,你们堂堂中国人,为什么还要用我国的钢笔呢?"总理拿起笔,一边端详一边意味深长地说:"这支钢笔啊,是一位朝鲜朋友送给我的,是他的抗美战利品。我觉得很有意义,就留下了这支贵国的钢笔。"

周总理用他的大智慧,告诉我们:要成为一个好的节目主持人,镇定、泰然地巧释逆境,成功驾驭舞台,是至关重要的。

今天,我们荣幸邀请到了著名的心理学家、评论人、北京大学教授×××,就主持人应具备哪些素养这个话题,和我们进行深入探讨,让我们掌声欢迎!

…………

是呀,做一名优秀的主持人,要博古通今,要有丰富的知识和开阔的眼界。再次感谢著名的心理学家、评论人、北京大学教授×××,给我们带来的精彩评述。好了,各位喜爱主持艺术的朋友们,今天的《欢乐少年说》到这里就要跟大家说再见了。如果您有不同的看法,×××随时恭候您的声音。

我们下期节目再见!

四、引人入胜——作品表演训练

对　话

王根宝

这是一部饱蘸着爱与恨的著作,

她穿越时空,震撼人心,

让我们深深地懂得了——

生命的价值并不在于它的短长;

这是一部浸透了血和泪的史诗,

她壮怀激烈,催人奋发,

让我们深深地懂得了——

短暂的生命也能拥有永久(如此)的辉煌。

多少次,我梦想穿越漫长的时间隧道;

多少次,我梦想和江姐倾吐我的衷肠……

江姐!

渣滓洞的酷刑纵然能摧垮人的肉体,

白公馆的地牢纵然能毁灭人的生命,

但是,阴云惨淡的歌乐山下,

却回旋着您永不屈服的歌唱!

毒刑拷打算得了什么?

抛家别子算得了什么?

为了共产党员光荣的使命,

共产党人的意志坚强如钢!

光荣和耻辱,泾渭分明——

这是因为,

我们共产党人拥有崇高的信仰;

高尚与卑劣,清浊两分——

这是因为,

我们共产党人一生追求着光明和理想。

为了千千万万个"小萝卜头"

能够在蓝天上自由地翱翔,

你愿意昂首挺胸,走向敌人的刑场,

把短暂的生命化作胜利的曙光;

为了千千万万朵"监狱之花"

能够在阳光里尽情地怒放,

你愿意献出生命,追逐辉煌的理想,

用热血和信仰去托起一轮火红的太阳。

我为祖国生,我为革命长,

我为共产主义把青春贡献,

这就是我们共产党人用生命奏响的乐章。

那沉重的脚镣

辣椒水能嘶哑你年轻的嗓音,

但是,在黎明前最黑暗的时候,

你却用铿锵的喉咙,

高唱起雄壮的《义勇军进行曲》,

激越的《义勇军进行曲》啊,

为新中国的诞生尽情讴歌,

让歌声在阴暗的黑牢里久久回响。

竹签子能钉穿你灵巧的双手,

但是,在黎明前最黑暗的时候,

你却用受尽摧残的十指,

绣出那一面鲜艳的五星红旗,

让她在我们的心头永远高高飘扬。

在追求与向往的交叉点上，
每个人都面临着一次次庄严的选择；
在光荣和耻辱的十字路口，
每个人都将用自己的言行描画出自己的形象。
为了一个神圣的主题，
我选择——
做一座巍峨的高山，
勇敢地迎接地震与飓风的考验，
让祖国像枫叶般的红旗，
在黎明中唤起沉睡的太阳。

蓝天之下，
我们懂得了什么是耻辱！
鲜花丛中，
我们懂得了什么是光荣！

纵然是赴汤蹈火，纵然要粉身碎骨，
也无法遏止生命与青春的飞扬。

你们看，那沸腾的热血，
把巍峨耸立的红岩染得更加鲜艳，
那树昂首怒放的红梅，散发出迷人的芬芳。

你们看，一片壮阔的海洋，
滔天的巨浪埋葬了乌云和贼船，
烈火中一只重生的凤凰，
在曙光里展开五彩的翅膀。

九天之上，
您含笑憧憬着我们年轻的共和国，
让中国的梦想迸发出绚丽光彩。
让人民的欢笑响彻在世界之东方。
我们怀念您，江姐！
我们歌唱您，江姐！

训练指导

本首诗歌的主人公江姐是一位穿越时空的革命人,她的壮举让我们理解了生命的价值并不在于长度,让我们顿悟了生命的意义并不在于获取。本首诗歌无论在朗诵还是表演上,都具有一定难度。对于红色经典诗歌,很多人认为情感饱满等同于声音高亢明亮,这是错误的,就如江姐面对敌人的态度,她的"柔"恰恰映衬出她的"刚",因此对于每一句话要多加思考,准确诵读。对于诗中彰显磅礴气势的文字,朗诵中应做到意连、气连,进而势连,让读者听后倍受鼓舞,斗志昂扬。

五、大开眼界——经典吟诵

小 石 潭 记

(唐)柳宗元

从小丘西行(xíng)百二十步,隔篁(huáng)竹,闻水声,如鸣珮环,心乐(lè)之。伐竹取道,下见小潭,水尤清冽。全石以为底,近岸,卷(quán)石底以出,为坻(chí),为屿,为嵁(kān),为岩。青树翠蔓(màn),蒙络摇缀,参差披拂。

潭中鱼可百许头,皆若空游无所依,日光下澈,影布石上。佁(yǐ)然不动,俶(chù)尔远逝,往来翕(xī)忽。似与游者相乐(lè)。

潭西南而望,斗折(zhé)蛇行,明灭可见。其岸势犬牙差(cī)互,不可知其源。

坐潭上,四面竹树环合,寂寥无人,凄神寒骨,悄(qiǎo)怆(chuàng)幽邃(suì)。以其境过清,不可久居,乃记之而去。

同游者:吴武陵,龚古,余弟宗玄。隶而从者,崔氏二小生:曰恕己,曰奉壹。

译文

从小丘向西走一百二十多步,隔着竹林,可以听到水声,就像人身上佩戴的佩环相碰击发出的声音,(我)心里感到高兴。砍倒竹子,开辟出一条道路(走过去),沿路走下去看见一个小潭,潭水格外清凉。小潭以整块石头为底,靠近岸边,石底有些部分翻卷过来露出水面,成为水中高地、小岛、不平的岩石和石岩等。青翠的树木,翠绿的藤蔓,遮掩缠绕,摇动下垂,参差不齐,随风飘拂。

潭中的鱼有一百来条,都好像在空中游动,什么依靠都没有。阳光直照(到水底),(鱼的)影子映在石上,呆呆地(停在那里)一动不动,忽然间(又)向远处游去了,来来往往,轻快敏捷,好像和游玩的人互相取乐。

向小石潭的西南方望去,看到溪水像北斗星那样曲折,水流像蛇那样蜿蜒前行,时而看得见,时而看不见。两岸的地势像狗的牙齿那样相互交错,不知道溪水的源头。

我坐在潭边,四面环绕合抱着竹林和树林,寂静寥落,空无一人。(景象)使人感到心境凄凉,寒气入骨,幽静深远,弥漫着忧伤的气息。因为这里的环境太凄清,不可长久停留,于是记下了这里的情景就离开了。

一起去游玩的人有吴武陵、龚古、我的弟弟宗玄。跟着同去的有姓崔的两个年轻人。一个叫作恕己,一个叫作奉壹。

第 十 三 课

一、扣人心弦——传承与发扬

话说十三太保率大队人马浩浩荡荡来到小沽山长叶林。突然有人拦住去路,只听一声断喝:"此路是我开,此树是我栽,要想从此过,留下买路财。如若不从,哼哼!爷爷我一斧子一个,管杀不管埋!"

"哈哈哈哈——"十三太保仰天大笑,"难道你等小贼就想拦住我大队人马不成!还不给我让开!"话音未落,只听一声炮响,"叨——"眨眼间飞下一队人马。十三太保一看,顿时惊得是(拍醒木)魂飞魄散!

训练指导

评书实际上就是用口头语言演说,要求声音洪亮,语言讲究抑扬顿挫、张弛有度。"世间生意甚多,惟有说书难习。一要声音洪亮,二要顿挫迟疾,好似一台大戏。"练好了评书,口语表达就会很快提高。

训练时注意每个字的发音力度要饱满,同时辅以适当肢体练习,注意换气的正确使用。

二、惟妙惟肖——话故事

两 只 鸭 子

扫码跟我练

从前,农场里有两只鸭子,一只年轻鸭子和一只老鸭子。长期以来,老鸭子都是农场里的老大哥,所有动物都得听他号令,而这只年轻鸭子不服气,想要取代他的地位,成为新一代领袖。"总有一天我会打得他满地找牙!"年轻鸭子对他的朋友们说。"可以的!大卫你一定行的!他根本不是你的对手!"他的朋友们异口同声地回应,因为当时大卫正在用自己囤积的小鱼款待他们。

不久之后,那帮朋友又跑到老鸭子的家里,把年轻鸭子的话告诉了老鸭子。"等着瞧,我会让他明白农场规矩的!"老鸭子一边说,一边给拜访者们端上了一些小鱼。

"你一定行的,弗兰克!让有些人瞧瞧谁才是农场大哥!"拜访者们纷纷恭维。

一天,那些朋友又跑到了大卫家里,告诉他老鸭子想要整顿农场纪律,看很多动物都不顺眼,尤其是大卫这只年轻鸭子。"弗兰克那个老家伙一定是嫉妒你年轻力壮,实力非凡,威胁到了他的地位,所以想要找机会教训你!""对呀,大卫,你最近可要小心啦!"这些人你一言我一语,煽风点火,添油加醋。"哼!我怎么可能会怕他一个老鸭子!我这就要去找他决斗!让他看看谁才是真正的领袖!"说着,大卫又拿出了一些谷物好好招待了这些朋友一顿。紧接着,大卫换上了运动装,戴上拳击手套,用力在镜子前挥了一拳,雄赳赳、气昂昂地出门了。

与此同时,这帮朋友早已将年轻鸭子要上门找老鸭子决斗的消息告诉了老鸭子,老鸭子听罢,立刻拿出行头,大步迈出家门。年轻鸭子和老鸭子在农场相遇,年轻鸭子径直走了过去,"我要把你打得连你妈妈都认不出你!"年轻鸭子叫嚣着。"你以为你是谁啊?"老鸭子回应道。于是两只鸭子互相绕着圈子,双手举在头的两边,寻找下手的机会。就在这时,农场主人双手同时抓住了两只鸭子的脖子,把他们带到了屠宰场。

剩下的动物们望着农场主的背影,一边吃着年轻鸭子和老鸭子的存粮,一边摇头感叹,"他们可真冲动,竟敢在农场大打出手。""没错儿,不过他们走了也好,以前他们总是仗着力气大,霸占我们的粮食,现在好啦。"

在这个大农场,鹬蚌相争,渔翁得利的道理从来未曾消失。

(选自《儿童文选》,2019-10-28)

训练指导

对于故事的表演,要特别注意讲述的训练步骤,切记不要以背故事开始,应以教师优秀的示范开始,引领学生从示范中主动感受故事的脉络。尤其是故事中风趣幽默的角色对话,教师可对其进行现场模拟(如果你是它,你会说什么),采用这样的训练方式,讲故事才能做到绘声绘色,而不是用千篇一律的语言、千篇一律的表现形态背故事。温馨提示:可根据学生的特点,对故事进行适当删减或改编。

三、声情并茂——今天我主持

主持训练。[以下是一段双人现场节目主持词。在主持中,学生要为自己设定准确的场景,从而确定语言和主持风格,要特别注意的是,双人主持时彼此要有相应的交流(心与心的交流、眼神表情的交流、讲与听的交流)。本主持词以歌颂、赞美基调为主,主持中不要为了赞美而大声叫喊。歌颂和赞美,是从心底汩汩流出的真情实感,往往很多情绪爆发之

时,我们反而会做出声音放缓、放低的特别处理。训练时,教师要针对句子的情感不断启发、引导学生]

主持人1:九月,金色的季节,九月,温馨的季节!

主持人2:九月,鲜花盛开的季节,九月,天真烂漫的季节!

主持人1:九月的阳光格外灿烂,九月的天空分外明媚! 今天我们一同来庆祝第34个教师节,请把我们心灵中的感动,沉思中的景仰和期盼,都凝聚成真诚的祝福,献给我们尊敬的老师吧!

主持人2:教师,人类灵魂的工程师,太阳底下最光辉的职业,用勤劳和智慧,开启着下一代人的心灵。

主持人1:从您的身上,我们明白了什么是人梯,什么是奉献,什么是言传身教,什么是永恒的真善美! 在您的身上,充分展现了人类最崇高的精神——为人类进步而无私地奉献!

主持人1:是您,把我从懵懂带入成熟,从无知变得学有所长;是您,领着我看到了天有多高,地有多深。您亲切的话语,经常在我耳畔回荡。

主持人2:是您,把我引入知识的殿堂;是您,为我插上奋飞的翅膀。当我从您的手中接过接力棒,我的生命在您的注视下开始闪光。

主持人1:您吸引着我们求知的目光;您让知识的清泉叮咚作响。唱不尽赞美的歌,写不尽怀念的诗! 老师啊,我们怎能把您遗忘!

主持人2:桃李满天下,春晖遍四方。师恩重如山,学生怎能忘。一份真挚的祝福,献给我们敬爱的老师,祝福您,万事如意,身体健康!

主持人1:岁月像一条河,随时间静静地流过。老师,也许您已步履蹒跚,也许您已身体羸弱,无论岁月风霜在您脸上刻下多少沧桑的印痕,都不能减少一分我对您的热爱。

主持人2:您妙语连珠,融古今于胸怀;您目光如炬,洞穿历史、昭示未来;您循循善诱,把我们领向科学的王国、艺术的殿堂、礼貌的巅峰! 您脸上的皱纹里,分明印刻着永恒的格言,教书育人,无悔人生!

主持人1:您有着梅花一样的傲骨,兰花一样的清幽,菊花一样的隐逸,莲花一样的高洁。深深地祝福您——敬爱的老师,愿您节日快乐!

主持人2:江河流向浩瀚的大海,曙光带来明媚的清晨;亲爱的老师,您给予我们知识和力量,让我们勇敢走向完美的人生。

合:百年大计,教育为本,光荣的人民教师啊,您的职业神圣而崇高,您任重又道远。

主持人1:我们感谢,感谢教师节她像一面鲜艳的旗帜,昭示出教师的骄傲与尊严!

主持人2:我们激动,激动教师节她是一曲深情的旋律,伴我们吟唱出对老师的爱!

合:白云奉献给蓝天,鲜花奉献给山野,我们拿什么奉献给您,我的老师! 我只有更加努力地学习和热爱祖国,才能回报您辛勤的付出和教诲!

…………

下面我宣布:"丹心秉烛铸师魂,桃李芬芳满园春",上海市徐汇区教育学院第34届教师节现在开始!

四、引人入胜——作品表演训练

晓

刘半农

火车——永远是这么快——向前飞进。

天色渐渐地亮了;不觉得长夜已过,只觉车中的灯,一点点地暗下来。

车窗外面——

起初是昏沉沉一片黑,慢慢露出微光,露出鱼肚白的天,露出紫色、红色、金色的霞彩。

是天上疏疏密密的云? 是地上的池沼? 丘陵? 草木? 是流霞? 辨别不出。

太阳的光线,一丝丝透出来,照见一片平原,罩着层白蒙蒙的薄雾。雾中隐隐约约,有几墩绿油油的矮树。雾顶上,托着些淡淡的远山。几处炊烟,在山坳里徐徐动荡。

这样的景色,是我生平第一次见到。

晚风轻轻吹来,很凉快,很清洁,叫我不甘心睡。

回看车中,大家东横西倒,鼾声呼呼,现出那干—枯—黄—白—很可怜的脸色!

只有一个三岁的女孩,躺在我手臂上,笑眯眯的,两颊像苹果,映着朝阳。

训练提示

诗中徐徐道来的笔触,让人倍感亲切,一股浓浓的思乡之情溢满心间。朗读时应以赞叹和思念的基调,辅以节奏的快慢、语调的升降、气息的吞吐等,展现和强化诗歌的意境和情感。这可谓一篇真正检验学生用语言"话"画的作品。要想"话"出美丽、准确的画面,首先要解决诗中的重要词汇(如紫色、红色、金色、池沼、丘陵、草木、流霞、绿油油、淡淡、徐徐等词语)的色彩及节奏描绘。训练时,教师要引导学生从真实生活体验与朗诵之间的关系着手,一步步将画面勾勒、着色、完成。

五、大开眼界——经典吟诵

春夜宴从弟桃花园序

（唐）李白

夫天地者,万物之逆旅也;光阴者,百代之过客也。而浮生若梦,为欢几何? 古人秉烛夜游,良有以也。况阳春召我以烟景,大块假我以文章。会桃花之芳园,序天伦之乐事。群季俊秀,皆为惠连;吾人咏歌,独惭康乐。幽赏未已,高谈转清。开琼筵以坐花,飞羽觞而醉月。不有佳咏,何伸雅怀? 如诗不成,罚依金谷酒数。

译文

天地是万物的客舍,时间是古往今来的过客。死生的差异,就好像梦与醒的不同,风云变幻,不可究诘,得到的欢乐,又能有多少呢! 古人夜间执着蜡烛游玩实在是有道理啊! 况且春天用艳丽景色召唤我,大自然把各种美好的形象赐予我。相聚在桃花飘香的花园中,畅叙兄弟间快乐的往事。弟弟们英俊优秀,个个都有谢惠连那样的才情,而我作诗吟咏,却惭愧不如谢灵运。清雅的赏玩兴致,高谈阔论又转向清言雅语。摆开筵席来坐赏名花,快速地传递着酒杯醉倒在月光中,没有好诗,怎能抒发高雅的情怀? 倘若有人作诗不成,就要按照当年石崇在金谷园宴客赋诗的先例,罚酒三杯。

第十四课

一、扣人心弦——传承与发扬

观众朋友们,大家好! 诶呀,说句老实话,今天搭档王声老师不在,我这心中非常不安,主要是因为我这个文化造诣实在不高。我一合计,咱也得学习学习。这不,最近我也开始看书了,可以说是达到了手不释卷的地步啊! 各种中外名著,好家伙,什么《海贼王》《七龙珠》《小龙人》《圣斗士》《奥特曼》《哆啦A梦》《黑猫警长》《邋遢大王》《名侦探柯南》。我是逮着什么我看什么。跟您说,前阵子,我看了《水壶》,108个大水壶啊! 那阵势! 说实话,我不爱看,老打架,打到后来,梁山伯和祝英台化蝶了。要说这最喜欢的,《哪托闹海》! 哪托三太子,李靖的儿子,小孩儿嘛,每天出去玩耍,弄得是一身滋泥。得了,洗洗去吧,刺啦把肚兜儿撕下来,就跳海里了,是边游边搓这个滋泥。人家龙王三太子吃烩饼吃得正香,眼睛余光一看,龙须之上,挂满了滋泥,当时就急了。"干什么呢,干什么呢,三太子吃个烩饼也吃不好哇? 夜叉上去弄死他!"这夜叉可就领着虾兵蟹将来到了海面之上。哪托也不是善茬啊,说时迟那时快,只见他,拿出长手绢、呼啦圈,舞将起来,直打得天昏地暗,波涛翻涌,波浪滔天,再看那水势是越涨越高,越涨越高,越涨越高,越涨越高,不一会就把金山寺给淹了。人家法海正在那念经呢,一看这个,做啥子,我惹哪个了?

训练提示

单口相声需要很强的表演功力,以及非常强的语言幽默感。首先,在叙述的过程中一定要有包袱,这可强化语言的幽默感。其次,节奏快慢交替,从而让高潮时的段落,形成巨大的冲击力,达到情理之中、意料之外的令人忍俊不禁的效果。

二、惟妙惟肖——话故事

爱挑剔的麻雀

"动物王国"准备评选劳动模范。凤凰前来征求麻雀的意见:"你这里住着不少小伙伴,它们都很勤劳,能不能从中选出一个模范来?"麻雀说:"难啊!"凤凰问:"你看燕子怎么样?"麻雀掏出一个用树叶订成的笔记本,翻开一页念道:"5月1日,它把一根羽毛丢到房东的客厅里;3日,它将两根小草撒到主人的院子里;6日,它又将一团泥掉在房东的门槛

扫码跟我练

上……""雄鸡怎么样?"凤凰又问。"它更不够格啦!"麻雀把笔记本翻了一页说,"6月7日,它叫早了0.01秒;6月9日,它迟叫了0.02秒……""那么,大黄狗呢?"凤凰耐心地问。"它的作风太粗暴啦!你瞧,7月3日,它追小偷,把主人的黄瓜花踢掉了两朵;8月24日,它捉黄鼠狼,却把鸡吓得咯咯大叫……"麻雀拍着笔记本说。凤凰微微一笑说:"照你这么讲,你们这里就选不出来一个劳动模范了?"麻雀慌忙否认:"不不不,谁说选不出来?""那谁够这个资格呢?""我呀!"麻雀指了指自己。

"你?"凤凰沉吟了片刻,说:"我想向你请教一个问题,你把那么多的心思都用来找别人的缺点,哪还有工夫干正经事呢?"

听了凤凰的话,麻雀红着脸飞向了远处。

(选自《好故事成就好性格》)

训练指导

故事中正反两个角色的语言形象要鲜明,尤其对于麻雀的三次挑剔,语言节奏要层层递进,当说到大黄狗时,是情绪的爆发点,将故事推向高潮。结尾处,表演者要凸显出凤凰的发问,将故事讲得意味深长,引发观众思考。

三、声情并茂——今天我主持

主持训练。(请你和搭档按照主持内容进行特定形式的主持。要求语言符合节目基调,搭档配合默契)

主持词:

电视机前的观众朋友们,欢迎来到《校园生活》节目!

我是主持人×××;我是×××!

今天我们要聊的话题是"上网有利于学习吗"?

主持人1:网络是我们人类文明的一大进步。丰富的网络资源,为我们提供了便捷的学习和信息获取渠道。我认为上网是否有利于我们学习,关键在于我们如何来使用网络。如果使用正确的话,上网无疑是我们获得知识的一个重要渠道;而如果使用不当的话,就会影响我们的学习以及身心健康。

主持人2:随着人们生活水平的提高,电脑再也不是新鲜事物,越来越多的年轻人开始在网上冲浪。有的人把网络当作一种学习工具,在网络上可以接触到多元的文化,开阔眼界,增加信息量,还可以体会到全球一体化,了解社会,了解世界。尤其对学生来说,网络是我们了解外界的一个最方便、快捷的信息渠道。

主持人1:不过,有些人却把上网当作一种娱乐方式,整天沉迷于网络。他们花费大量时间在网络上,并且接触一些诸如色情、暴力等不健康的信息,日久天长,对身心健康有百害而无一利。

主持人2:是啊,网络信息大多自由开放,良莠不齐,所以我们要学会"取其精华,去其糟粕",选择性地接受,这就要求我们有足够的是非对错辨别能力和自控能力,对于网络信息要进行筛选后再吸收。

主持人1:对,就像所有工具对人类的作用一样,其好坏不在于工具本身,而在于我们如何来使用,网络亦是如此,如何适度上网获得知识,如何筛选正确的网络信息,才是最关键的问题。

主持人2:好,希望电视机前的同学们能正确使用网络,让网络成为开阔眼界、获取最新知识的好帮手。好了,今天的《校园生活》我们一起探讨了网络与学习的话题,希望能为同学们带来帮助。《校园生活》,同学们的好朋友。让我们下期节目再见,再见!

四、引人入胜——作品表演训练

忧国与爱国

有忧国者,有爱国者。爱国者语忧国者曰:汝曷为好言国民之所短?曰:吾惟忧之之故。忧国者语爱国者曰：汝曷为好言国民之所长？曰：吾惟爱之之故。忧国之言，使人作愤激之气，爱国之言，使人厉进取之心，此其所长也；忧国之言，使人堕颓放之志，爱国之言，使人生保守之思，此其所短也。朱子曰："教学者如扶醉人，扶得东来西又倒。"用之不得其当，虽善言亦足以误天下。为报馆主笔者，于此中消息，不可不留意焉。

今天下之可忧者，莫中国若；天下之可爱者，亦莫中国若。吾愈益忧之，则愈益爱之；愈益爱之，则愈益忧之。既欲哭之，又欲歌之。吾哭矣，谁欤踊者？吾歌矣，谁欤和者？

（选自梁启超《饮冰室合集》）

训练指导

忧国是因为爱国，爱国更应该忧国。近代，帝国主义列强瓜分中国的狂潮，激起"梁启超们"发出了"救亡图存"的呼声，使传统的忧患意识进一步与近代爱国主义和民族主义结合起来，贯穿爱国、救国和强国的主题。一位爱国者的忧国忧民之情怀，跃然纸上，读来令人感慨不已，外在文字流畅贯通，内在思想圆融深沉，充满思辨意味，充满赤诚爱国之情。文章言简意赅，闪烁着理性与激情的光辉，有着感人肺腑的力量。在诵读时，无论对忧国抑或爱国，态度均以唤醒国民之强国意识，走向民族复兴与独立为目标。因此朗诵主基调要保持激情昂扬、铿锵有力！今天，中国经过改革开放，已经走上复兴之路。但我们应清醒地看到仍存在的不足，发扬爱国主义精神，提倡忧患意识，与时俱进，把我国真正建设成为更加伟大富强的国家。

五、大开眼界——经典吟诵

水调歌头·游泳

毛泽东

才饮长江水，又食武昌鱼。万里长江横渡，极目楚天舒。不管风吹浪打，胜似闲庭信步，今日得宽余。子在川上曰：逝者如斯夫！

风樯动，龟蛇静，起宏图。一桥飞架南北，天堑变通途。更立西江石壁，截断巫山云雨，高峡出平湖。神女应无恙，当惊世界殊。

赏析

《水调歌头·游泳》是毛泽东在1956年视察南方，三次畅游长江时写下的词，这首词最早发表在1957年1月的《诗刊》上。该词描绘了1956年中国积极建设的现象，表达了毛泽东的豪迈气概，体现出对未来的展望，也指出了一桥贯通大江南北的历史意义。

第十五课

一、扣人心弦——传承与发扬

反正话（改编）

甲：作为一个相声演员不简单。

乙：怎么呢？

甲：要具备几个要求。

乙：您给说说……

甲：首先得有丰富的科学文化知识……

乙：对，您这话说得太对了。您看着没？我就有丰富的科学文化知识……

甲：哦？（看乙）……脑袋得聪明……

乙：我脑袋就聪明，呵呵……

甲：反应要快……

乙：我反应就快。

甲：口齿得伶俐……

乙：我就口齿伶俐。

甲：长的得漂亮。

乙：我长的就漂亮。

甲：要有台缘儿。

乙：我就有台缘儿。

甲：最重要一条。

乙：什么呀？

甲：脸皮得厚！

乙：我脸皮就厚……哎，这是怎么说话呢？

甲：你怎么说话呢？嗯？我刚说做个相声演员得有文化，您看他那模样："我就有文化。"

乙：我是那样吗？

甲：你还不如这样呢！

乙：我是实事求是。

甲：那好，你说你聪明，你有文化，大家不知道啊！

乙:那怎么办?

甲:我们在这验证一下。

乙:怎么验证?

甲:咱做一回文字游戏。

乙:什么文字游戏?

甲:来一回反正话。

乙:什么叫反正话?

甲:我说一个词语或者一句话,你把它颠倒过来,又叫颠倒词。

乙:您能举个例子吗?

甲:举个例子,比方说,我说,桌子。

乙:那我呢?

甲:你就说子桌。

乙:我就说子桌。

甲:对,你就说子桌。

乙:太简单了!

甲:那咱开始?

乙:开始。

甲:桌子。

乙:子桌,这有什么呀?

甲:板凳。

乙:子桌,太简单了。

甲:椅子。

乙:子桌,小孩玩儿啊。

甲:话筒。

乙:子桌。

甲:你子桌自受去吧。

乙:什么叫自作自受?

甲:全是子桌啊?

乙:你不说就说子桌吗?

甲:我说桌子你说子桌,我说椅子你得说子椅。

乙:哦,挨个翻?

甲:对呀!一个一反。

乙:你没说明白。

甲:你没听明白。

乙:这回明白了!

甲:再来。

乙:这回就错不了了。

甲:注意啊。桌子。

乙:子桌。

甲:椅子。

乙:子椅。

甲:板凳。

乙:凳板。

甲:话筒。

乙:筒话。

甲:行啊。

乙:这脑子就是聪明。

甲:各位,咱掌声鼓励一下!

乙:谢谢各位,谢谢各位。

甲:咱接着来,我脑袋。

乙:我呆脑。我呆头呆脑?

甲:我眼眉。

乙:我没眼。我是阿炳?

甲:我眼珠。

乙:我猪眼。你才猪眼呢!

甲:我鼻子。

乙:我子鼻。

甲:我嘴。

乙:我……我咬你。

甲:你咬我干吗?

乙:废话,我嘴,怎么反啊?我嘴嘴、我最最。这没法翻啊?

甲:您的意思?

乙:多来几个字。

甲:好,多来几个。我嘴里有牙。

乙:我牙里有嘴。我是妖怪?

甲:行行。你反应太慢了。

乙:您这词儿不好。

甲:嫌词儿不好是吧?那咱换个好词儿。现在提倡构建和谐社会。咱说一回和谐家庭的事怎么样?

乙:这词儿好!

甲:我们家是和谐家庭。

乙:和谐家庭是我们家。

甲:我爸爸最爱我妈。

乙:我妈最爱我爸爸。

甲 我是我爸爸的亲儿子。

乙:我儿子是我亲爸爸……不是,我爸爸是我亲儿子……(合)嗨。什么乱七八糟的?

甲:这回不行了吧?

乙:你这个根本就没法翻。

甲:谁说的,我说的,我就能翻。

乙:你翻翻看。

甲:你可以这么说,我是我儿子的亲爸爸。

乙:还能这么说。

甲:当然了。

乙:刚才是我没注意,注意了,就肯定不会错了。

甲:那咱再来一回?

乙:好!

甲:这回,咱俩逛一回花园。

乙:我最爱逛花园。

甲:增加难度。

乙:什么难度?

甲:不单说反正话。动作手势还得学我。

乙:没问题。

甲:我逛花园。

乙:我花园逛。

甲:我牡丹花。

乙:我花牡丹。

甲:我月季花。

乙:我花月季。

甲:我玉兰花。

乙:我花玉兰。

甲:我狗尾巴花。

乙:我花尾巴狗。

训练指导

包袱是相声艺术特有的。包袱在相声艺术中处于重要的地位。因此,对包袱的内容和形式进行分析是说好相声的关键。在对口相声中,喜剧矛盾——包袱的双方(现象与本质等)由捧逗双方分别担任,并通过对话逐步揭露矛盾。而相声在运用误会手法时却大都依靠对话。包袱采用了误会手法,误会是通过人物之间的对话造成的。离开了对话的双方,也就无法引起误会。在表演中,捧哏和逗哏两者之间的对话表演只有真听、真感受,方能达到效果。

二、惟妙惟肖——话故事

离 家 出 走

扫码跟我练

7岁时,有一天,我在学校和人打了一架。因为有个同学取笑我那"千疮百孔"的裤子,我把他狠狠揍了一顿。我当时很清楚,在学校惹了麻烦,家里人是不会饶过我的。

果然,回家后父亲就狠狠地训了我一顿,不许我吃晚饭,把我撵回我的房间里,要我好好反省。我心里觉得有些委屈,于是决定离家出走!父亲从房间出去后一会儿又回来了,手里提着一个手提箱。他说得让我带上足够的衣服,这很重要。出乎我的意料,别的小孩威胁说要离家出走都成功了,可是到我这里怎么就不灵呢?父亲为我装好箱子,又走出了房间,几分钟后拿着一个纸袋进来了。"妈妈给你装了些快餐在这个袋子里,"他说,"在你到达你要去的地方之前,你很可能会饿得前胸贴后背的。"我决定不让步,因此我提上快餐袋和箱子,径自朝门走去。

当我离开的时候,妈妈喊道:"要记得写信回来啊,如果下次经过这里的话就进来坐坐。"天哪,我伤心透了!外面漆黑一片,到底要去哪里,我心里没谱。当时有个一闪即过的去参加海军的念头,却不晓得海军在哪里。我走过了三四个街区,然后一屁股坐在路边大哭了起来。我从来没有像这样孤独过。这时,我心里断定:我的家人现在肯定意识到他们做错了,正在内疚不已。我偷偷跑了回去,趴在前廊上。这是一个温暖的夏夜,窗户都开着,好像一家人都聚在屋里。但是很奇怪,没有人谈论我,甚至还有阵阵的笑声。然后就听见父亲问弟弟妹妹们,有没有人想去镇里吃冰激凌。过了一会儿,他们都从门前的台阶出来。父亲是最后一个出来的。他慢慢地走下台阶。当每个人都钻进汽车后,他平静地说道:"我相信今晚'奶品王后'(美国的冰激凌连锁店)那里一定有鲜桃冰激凌。如果你错过了这个,那就太可惜了。"他朝车子走了几步又停了下来,回过头来,向我伸出了手。我从藏身的地方爬起来,晃头晃脑地朝他跑去。他什么也没说,只是用手搭在我的肩膀上。

直到今天,我还不清楚父亲是怎么知道我躲在前廊上的,如今父亲还和我们生活在一起,只是由于中风他丧失了大部分的记忆。我永远爱他。

(改编自《感悟童心的 300 个亲情故事》)

训练指导

离家出走?同学们,别偷笑!说不定你曾经实践过出逃计划,还是个被父母逮个正着的"功亏一篑的未遂者"!今天这个故事,让你们看到了除你们自己以外的谁呢?是你们的父母。他们是包容你们众多不可理喻的念头,甚至幼稚的想法的,只为满足你们成长需求的,你们这一生最值得信赖的人!看似平铺直叙的语言,其实内心时而涟漪起伏,时而波涛汹涌。但在语言的表现力上又要规避大喊大叫、声嘶力竭,更多的是一种克制、内敛。要让观众感受到故事美、语言美、表现美,艺术真正的感染力总是来源于此。

三、声情并茂——今天我主持

主持训练。(准确来讲,在本段主持中,主持人是以讲述者的身份出现在观众视野中,其语言风格要亲切自然、真情流露,主持中可借用当下较为流行的 TED 演讲方式,综合运用舞台所提供的舞美音效等来让主持锦上添花)

主持词:

大家好,我是主持人,我是×××!

一年前,我有幸以讲述者的身份来到这里,走进三十五中校园,一年来我在这所学校听到、看到、了解到许多有关教育的动人故事。其中有这样一张课表,深深地吸引了我。

这是一张周课表,日期标注的是 2018 年 6 月 17 日至 6 月 23 日这一周。这一周是上大附中高二年级期末考试的时间,这也是学生刘晓丽全力备战第 19 届全国中学生乒乓球锦标赛的重要时刻。课表中一共出现了 15 堂复习课,6 堂一对一辅导课和 18 堂训练课。大家一定会觉得奇怪,高二期末怎么可能有这么一张课表呢?这就是"满足学生个性化发展"的教育思想在三十五中的呈现,而正是这样的理念与实践,最终让刘晓丽在体育、文化两不误的情况下实现了自己的梦想,最终成为北京大学的一名优秀学生。

这张独特的量身定制的三十五中的课表背后,是体教结合的丰硕成果,是智育与体育协调发展的典范,是学校践行"以生为本"的教育理念的最佳体现。

此时此刻,身处北大校园的刘晓丽一定有许多的心里话想在这里告诉大家。请看大屏幕……

四、引人入胜——作品表演训练

圆梦舞台，勿忘初心

——写给未来自己的一封信

金楠熙

亲爱的楠熙：

穿越光阴，见字如面，你好吗？

我似乎看到直播间的舞台上，你站在明亮的聚光灯下，身姿挺拔，笑容优雅，出口成章。我猜，那一定是一档充满文化韵味的节目，像20多年前的《朗读者》和《中国诗词大会》，而你就像董卿老师，用优秀的涵养和精湛的专业知识，撑起一台好节目，感染整个民族。

我是你，还没长大的你，还在为了梦想勤奋向前的你。还记得吗，家中那面靠墙的镜子，你曾经每天都要在它前面有模有样地主持几个节目，黄瓜当作麦克风，还偷穿了妈妈的高跟鞋，翻出家中所有的玩偶，前前后后摆成三排，它们全是你的观众，幻想中，它们永远热情高涨，你的主持现场永远都是掌声潮涌……现在，这一切都成真了吧？

你也一定记得，在学校学习播音主持的辛苦时光。刚启蒙时，枯燥的发音纠正简直让你怀疑自己以前说的都是假普通话；后来，念着稀奇古怪的绕口令，你好像长了一条假舌头；再后来，你终于如愿考入中国传媒大学，却仍然没有丝毫的懈怠。一路辛勤耕耘，一路鲜花掌声，别人羡慕你此刻的光芒万丈，但我知道那些默默无闻的路，你是怎样孤独地走过，坚强地努力。

我更知道，对你来说，主持并不仅仅是自己的理想，更是你报效祖国的方式。

舞台上的你，有着为人称道的专业技能和气质卓然的风采，把每一档节目都做得有声有色；舞台下的你，仍然谦逊温良，谨言慎行，时刻用一个公众人物的责任感要求自己，为喜欢你的人们树立起一个值得学习的榜样。我知道，在那个追名逐利的圈子里，你的坚守一定很不容易，但我相信，你一定可以成为那股清流，事实上，你也正在这样做着。

做好节目，这是你对祖国的报效，而你借由节目传播文化、传递正能量的情怀，更充满了对民族的深情。

在你的主持中，人们能感受到文化涵养的魅力，这来源于你日积月累的广泛涉猎；人们会不自觉被你的主持感动，并亲身参与到那些有意义的活动中。你像一个文化传播大使，用自己的形象和力量，带动人们更深切地爱上祖国的文化——这才是一个优秀主持人应有的担当！

我真希望时间过得快一点，让我早日成为你。我又希望时间慢慢来，让我好好感受为梦想而努力的充实感。主持舞台上的金楠熙，等着我，我们一定会相遇！

训练指导

海子说:"我们最终都要远行,最终都要与稚嫩的自己告别,告别是通向成长的苦行之路。"这封"写给未来自己的一封信"何尝不是一种与昨天那个努力蜕变的我的告别!而告别是需要勇气的,就像茨威格所说,勇气是逆境当中绽放的光芒,它是一笔财富,拥有了勇气,就拥有了改变的机会。勇气是我们生命当中最鲜艳的一抹原色。有勇气和过往告别的人们,才能迎接人生中每一缕曙光。今天就让我们感受勇气吧,郑重地说一句:未来的自己,我来了!

五、大开眼界——经典吟诵

读书须有疑

(宋)朱熹

读书,始读,未知有疑;其次,则渐渐有疑;中则节节是疑。过了这一番,疑渐渐释,以至融会贯通,都无所疑,方始是学。读书无疑者须教有疑,有疑,却要无疑,到这里方是长进。

(选自《训学斋规》)

译文

刚开始读书的时候,不觉得会有什么疑问;但读着读着,慢慢就会出现一些问题;读到中期时,每个小节都会产生疑问。再往下读,疑问就会慢慢被解决。最终达到融会贯通的程度,所遇的问题都被解决了,这才能称得上是学习。读书不会产生疑问的人,需要教给他独立思考的方法,使之头脑里"有疑";学会了"有疑",就要想办法去钻研,千方百计去解决疑问,到这里才是真正的进步。